# ABHANDLUNGEN

AUS DEM

# STAATSWISSENSCHAFTLICHEN SEMINAR

ZU

STRASSBURG I. E.

HERAUSGEGEBEN

VON

G. F. KNAPP

HEFT XIV.

DR. ALFRED SWAINE:
DIE ARBEITS- UND WIRTSCHAFTSVERHÄLTNISSE DER EINZELSTICKER
IN DER NORDOSTSCHWEIZ UND VORARLBERG.

---

STRASSBURG.
VERLAG VON KARL J. TRÜBNER.
1895.

# DIE ARBEITS- UND WIRTSCHAFTSVERHÄLTNISSE DER EINZELSTICKER IN DER NORDOSTSCHWEIZ UND VORARLBERG.

VON

ALFRED SWAINE,
DOCTOR DER STAATSWISSENSCHAFTEN.

STRASSBURG.
VERLAG VON KARL J. TRÜBNER.
1895.

G. Otto's Hof-Buchdruckerei in Darmstadt.

# VORWORT.

Vorliegende Arbeit ist im Staatswissenschaftlichen Seminar der Universität Strassburg in der Zeit von Ostern 1893 bis Sommer 1894 auf Anregung und unter Leitung meines hochverehrten Lehrers, Professors Freiherrn Sartorius von Waltershausen, entstanden. Es ist mir eine angenehme Pflicht, ihm, der mit seinem Rate die Ausführung der Arbeit in der freundlichsten Weise förderte, auch an dieser Stelle meinen ergebenen und herzlichsten Dank auszusprechen, wie ich auch nicht verfehlen möchte, dem Direktor des Staatswissenschaftlichen Seminars, Herrn Professor G. F. Knapp, für viele Anregungen, die ich von ihm erhielt, aufrichtig zu danken.

In der Hauptsache beruht die vorliegende Darstellung auf eigener Anschauung, die ich mir durch wiederholten, im ganzen 12 Wochen umfassenden Aufenthalt an Ort und Stelle zu verschaffen suchte. Ich bin während dieser Zeit in allen Teilen des grossen Gebiets mit Männern der verschiedensten Berufsarten, vor allem natürlich mit den Einzelstickern selbst in Verbindung getreten und habe dabei, was hervorgehoben zu werden verdient, fast ausnahmslos die bereitwilligste Auskunft erhalten.

Ohne die Hilfe dieser mit der Industrie vertrauten Persönlichkeiten, denen ich für ihre freundliche Unterstützung dauernd verbunden bin, wäre die vorliegende Arbeit nicht zustande gekommen.

Von den zahlreichen Schriften, die über die ostschweizerische Stickerei-Industrie veröffentlicht sind, waren mir für die kurze Darstellung der geschichtlichen Entwicklung die Werke Dr. Wartmanns und für die Schilderung der gegenwärtigen Verhältnisse die „Stickerei-Industrie“, das Fachorgan des „Centralverbands der Stickerei-Industrie der Ostschweiz und des Vorarlbergs“, von hohem Werte.

Die Abhandlung von O. Hintze: „Die Schweizer Stickerei-Industrie und ihre Organisation“[1] konnte nicht mehr benutzt werden, da meine Schrift zur Zeit des Erscheinens jener Arbeit schon druckreif war. Doch freue ich mich, dass ich auf Grund meiner in der Schweiz gemachten Beobachtungen zu einer ähnlichen Ansicht über den grossen Stickerei-Verband gekommen bin, wie der gründliche und scharfsinnige Verfasser, dem übrigens nur gedrucktes Material zu Gebote stand.

* * *

Ein Teil der Arbeit lag der Strassburger rechts- und staatswissenschaftlichen Fakultät als Inaugural-Dissertation behufs Erwerbung der staatswissenschaftlichen Doctorwürde vor.

Brüssel, im März 1895.

**Alfred Swaine.**

---

[1] Siehe „Jahrbuch für Gesetzgebung, Verwaltung und Volkswirtschaft im deutschen Reich“. Jahrg. XVIII S. 1251 ff.

# INHALT.

# VERZEICHNIS
## DER BENUTZTEN SCHRIFTEN.


(1) Industrie und Handel des Kantons St. Gallen auf Ende 1866. In geschichtlicher Darstellung. Herausgegeben vom Kaufmännischen Direktorium in St. Gallen. Bearbeitet von Dr. H. Wartmann. St. Gallen 1875.

(2) Industrie und Handel des Kantons St. Gallen 1867 - 1880. Herausgegeben vom Kaufmännischen Direktorium in St. Gallen. Bearbeitet von Dr H. Wartmann. St. Gallen 1887.

(3) Geschichte eines St. Gallischen Geschäftshauses 1759 - 1892. Ein Rückblick. Einsiedeln 1893.

(4) A. Sturzenegger, Beiträge zur Geschichte des Handels und der Industrie des Kantons Appenzell. In den Appenzeller Jahrbüchern, dritte Folge, V. Heft. St. Gallen 1892.

(5) Georg Baumberger, Geschichte des Centralverbands der Stickerei-Industrie der Ostschweiz und des Vorarlbergs und ihre wirtschafts- und sozialpolitischen Ergebnisse. St. Gallen 1891.

(6) A G. Laurent, Die Stickereiindustrie der Ostschweiz und des Vorarlbergs mit besonderer Berücksichtigung der Hausindustrie. Doktordissertation. Basel 1891.

(7) Berichte der Kantonsregierungen über die Ausführungen des Bundesgesetzes betreffs der Arbeit in Fabriken. 5 Hefte 1878 bis 1890. Aarau.

(8) Berichte über die Fabrikinspektion in der Schweiz. 8 Hefte 1878—91. Aarau.

(9) Das Bundesgesetz betreffend die Arbeit in den Fabriken. Herausgegeben vom Schweizer Handels- und Landwirtschaftsdepartement. Bern 1880.

(10) Berichte des Kaufmännischen Direktoriums über Handel, Industrie und Geldverhältnisse des Kantons St. Gallen. 20 Hefte (Jahrg. 1874—92). St. Gallen.

(11) Verwaltungsberichte des Kaufmännischen Direktoriums an die Kaufmännische Korporation in St. Gallen. 13 Hefte (Jahrg. 1879 – 91). St. Gallen.

(12) Die Stickerei-Industrie. Offizielles Organ des Centralverbands der Stickerei-Industrie der Ostschweiz und des Vorarlbergs. Jahrgänge 1885—1892. St. Gallen.

(13) Jahresberichte des Centralverbandes der Stickerei-Industrie der Ostschweiz und des Vorarlbergs. 5 Hefte (1886—93). St. Gallen.

(14) Sammlungen der Regulative und Instruktionen des Centralverbands der Stickerei-Industrie der Ostschweiz und des Vorarlbergs. St. Gallen, erschienen 1889, 1890 und 1893.

(15) Jahresberichte der k. u. k. Fachschule für Maschinenstickerei in Dornbirn. Dornbirn 1892 und 1893.

(16) Statuten der Genossenschaftsferggerei Wartau. — Buchs 1892.

(17) Industriestatistik der drei Kantone St. Gallen, Appenzell und Thurgau, aufgenommen in der 2. Hälfte des Jahres 1890. St. Gallen 1891.

(18) Dr. F. Schuler und Dr. A. E. Burckhardt, Untersuchungen über die Gesundheitsverhältnisse der Fabrikbevölkerung der Schweiz. Aarau 1889.

(19) Dr. F. Schuler, Schweizerische Stickereien und ihre sanitärischen Folgen. Im 2. Heft des 14. Bandes der deutschen Vierteljahrsschrift für öffentliche Gesundheitspflege. Braunschweig 1882.

(20) Der Centralverband der Krankenunterstützungsvereine der Sticker. Sein Wachsen und Wirken 1870—89. Bearbeitet vom Schweizerischen Arbeitersekretariat. Arbon 1892.

(21) A. Emminghaus, Die Schweizerische Volkswirtschaft, 2 Bände. Leipzig 1860.

(22) V. Böhmert, Arbeitsverhältnisse und Fabrikeinrichtungen der Schweiz, 2 Bde. Zürich 1873.

(23) A. Furrer, Volkswirtschaftslexikon der Schweiz. Bern 1889.

(24) O. Bechtle, Die Gewerkvereine der Schweiz. In den staatswissenschaftlichen Studien von L. Elster, II. Bd. Jena 1887.

(25) Artikel: „Arbeiterschutzgesetzgebung in der Schweiz“, „Gewerbe“ und „Hausindustrie“. Im Handwörterbuch für Staatswissenschaften. Jena 1890 ff.

(26) F. Schuler, Die Entwicklung der Arbeiterschutzgesetzgebung in der Schweiz. In Braun's Archiv für soziale Gesetzgebung etc. VI. Bd. Berlin 1893.

(27) F. Schuler, Der Normalarbeitstag in seinen Wirkungen auf die Produktion. In Braun's Archiv für soziale Gesetzgebung etc. IV. Bd. Berlin 1891.

(28) Raoul Jay, Etudes sur la question ouvrière en Suisse. Paris 1893.

(29) Zeitschrift für Schweizerische Statistik. Jahrgänge 1865—93. Bern 1865 ff.

(30) Statistisches Jahrbuch der Schweiz. I. II. III. Jahrgang. Bern 1891 ff.

(31) E. Magner, Die Hausindustrie in den Österreichischen Alpenländern. In der Zeitschrift des deutschen und österreichischen Alpenvereins. München 1891.

(32) O. Werkowitsch, Das Land Vorarlberg. Innsbruck 1887.

---

(33) W. Stieda, Litteratur, heutige Zustände und Entstehung der deutschen Hausindustrie. In dem 39. Band der Schriften des Vereins für Sozialpolitik. Leipzig 1889.

(34) W. Sombart, Die deutsche Hausindustrie. In Braun's Archiv für soziale Gesetzgebung u. s. w. IV. Band. Berlin 1891.

(35) W. Sombart, Zur neueren Litteratur über Hausindustrie (1891—93). In Conrad's Jahrbüchern für Nationalökonomie und Statistik, III. Folge, 6. Band, 5. u. 6. Heft. Jena 1893.

# VORBEMERKUNGEN.

Einzelsticker nennt man in der Nordostschweiz und in Vorarlberg die hausindustriellen Arbeiter der Maschinenstickerei in Plattstich. Das Gebiet, über das sich diese Industrie erstreckt, umfasst — wenn wir von Osten nach Westen gehen — Vorarlberg mit dem Fürstentum Lichtenstein, die Kantone St. Gallen, Appenzell Ausser- und Inner-Rhoden, Thurgau und den nordöstlichen Teil des Kantons Zürich. Das ist eine Gesamtfläche von mehr als 5000 □km.

Neben der Maschinenstickerei in Plattstich, die übrigens, wie wir noch des nähern hören werden, auch in Fabriken gepflegt wird, existiert in dem erwähnten Gebiet noch die Plattstichhandstickerei, sowie ein vollständig anderer Zweig der Stickerei, die Kettenstich- oder Crochetstickerei, auch oft mit dem nichtssagenden Namen Grobstickerei bezeichnet. Diese letztere, teils mit der Hand, teils mit der Maschine fast ausschliesslich in der Hausindustrie von Frauen betrieben, hat mit unserer Industrie nichts zu schaffen. Nicht nur, dass die Stichart eine andere ist, und dass ihre Produkte gänzlich verschieden von denen der Maschinenstickerei sind, gehören auch die sie ausübenden Kräfte in einen ganz anderen Typus der Hausindustrie [1]. Die Vorhangstickerei mit den grossen Effekten, den mit wenig Mitteln herzustellenden auffallenden Formen ist das feste Gebiet der Kettenstichstickerei, das sich der Plattstich bis jetzt noch

[1] Sombart nennt ihn treffend den „Typus der armen Näherin"; vergl. Quellenangabe No. 35.

nicht erobern konnte. Früher beschränkte sich freilich die Kettenstichstickerei nicht auf so wenig Spezialitäten wie heute. Von 1753, seit welcher Zeit Stickereien von St. Gallen aus in den Handel gebracht werden, bis in den Anfang unseres Jahrhunderts fand nämlich der Plattstich bei Industrieerzeugnissen der Ostschweiz, wenn überhaupt, nur sehr wenig Anwendung. Damals beruhte die ganze Produktion der Stickerei auf dem Kettenstich, die Halstücher, Halsbänder, Schnupftücher, Manschetten, Schürzen, Kleider oder Shawls der damaligen Zeit waren mit diesem Stich verziert.

Die Handstickerei in Plattstich hat mit der Maschinenstickerei gleicher Art mehr Berührungspunkte. Letztere ist die Tochter der ersteren und verfertigt vielfach dieselben Produkte — nur in bedeutend gröberer Ausführung — wie jene. Aber die Arbeiterin, die die Handplattstichstickerei pflegt, wegen ihrer Feinheit auch nur allein pflegen kann, ist die Frau. Auch hier haben wir also wieder einen Punkt, der sie von der Maschinenstickerei in Plattstich scharf scheidet, und der mich veranlasst, die Arbeiterinnen dieser Industrie wie die der Kettenstichstickerei von der Untersuchung auszuschliessen. Die Fragen, die hierbei berührt werden müssten, greifen weit über das, was man gewöhnlich die Arbeiterfrage nennt, hinaus.

Es sei noch mit einem Worte der anderen Industrien, die in unserem Gebiet gepflegt werden, gedacht. Sie treten im einzelnen gegenüber der Maschinenstickerei sehr zurück, indem die Zahl der in ihnen thätigen Arbeiter, wenn man von Zürich und Vorarlberg absieht, die Summe der in der Maschinenstickerei in Plattstich allein beschäftigten Personen nur wenig übersteigt.[1] Die Industrien sind die Weberei, Spinnerei, Zwirnerei, die eben erwähnten Nebenzweige der Stickerei: die Handstickerei in Plattstich und

[1] In den drei Kantonen St. Gallen, Appenzell beider Rhoden und Thurgau sind 1890 in der Maschinenstickerei in Plattstich 33 999 Personen gegenüber 76 918 in der Industrie überhaupt thätigen Personen beschäftigt gewesen. Vergl. Quellenangabe No. 17.

die Kettenstichstickerei, sodann die Hülfsindustrien des Stickereigewerbes, die Sengerei, Bleicherei, Appretur und Ausrüsterei, ferner die Druckerei, Wirkerei und Maschinenfabrikation. Hausindustriell werden hiervon betrieben: die Handstickerei in Plattstich, die Kettenstichstickerei — wenigstens grösstenteils —, die Weberei in Baumwolle und Seide, endlich die Ausrüsterei, letztere beiden aber nur teilweise.

I. KAPITEL.

# TECHNIK DER MASCHINENSTICKEREI, PRODUKTE UND EXPORT.

Bis jetzt geschieht auch in Fabriken der Betrieb der Plattstichstickmaschine lediglich mit der Hand. Dampfstickmaschinen verschiedener Konstruktion existieren zwar schon seit lange [1], aber ihre Leistungsfähigkeit scheint mit ihrem Preise in keinem Verhältnis zu stehen. In jüngster Zeit hat eine aus der Sauerschen Maschinenfabrik in Arbon hervorgegangene Maschine dieser Art in den Kreisen der Arbeiter grosse Befürchtungen erweckt, sie hat aber praktische Verwendung noch nicht gefunden. Eine Imitation des Plattstichs wird allerdings schon auf Maschinen mit Motorenbetrieb hergestellt. Die sogenannte Schifflimaschine, die den Plattstich aber nur einseitig und nur für ganz ordinäre Ware nachahmt, erfreut sich seit Ende der 70er Jahre einer grösseren Verbreitung. Die Maschine leistet ungefähr das Fünffache der Handstickmaschine, wird mit Dampf oder Wasser getrieben und von Frauen bedient. Die Statistik von 1890 verzeichnet 542 Maschinen, wovon aber nur 463 in Betrieb waren.[2] Ihre technische Inferiorität in qualitativer Hinsicht lässt sie der Handstickmaschine nicht gefährlich erscheinen.

[1] Die erste wurde im Jahre 1856 von dem Hause Rittmeyer in Bruggen bei St. Gallen konstruiert.

[2] Vergl. Quellenangabe No. 17.

Die mit der Hand getriebene Plattstichmaschine besteht aus drei Hauptteilen:

1. dem Mittelgestell, das der Maschine den ganzen Halt giebt, mit dem Rahmen oder Gatter, der Kurbel und den Tritten,
2. den beiden Wagen oder Schlitten mit dem Lineal, in dem die Nadeln befestigt sind,
3. dem Pantographen.

Das Mittelgestell trägt den Pantographen, die Schienen, auf denen die Wagen laufen und den Rahmen, auf dem das zu bestickende Gewebe, Stickboden oder auch Sticket genannt, vertikal aufgespannt ist. Nach der Länge des Rahmens unterscheidet man 3, $3^{1}/_{2}$ und 5stäbige Maschinen. Ein Stab ist gleich 1,19 m, so dass die ganze Länge der gebräuchlichsten Maschinen, der $3^{1}/_{2}$stäbigen, inklusive des Pantographen ungefähr 6 m beträgt. Die Schienen befinden sich senkrecht zu dem Rahmen auf beiden Seiten des Mittelgestells, auf ihnen laufen vermittelst Rädern Eisenstangen, die eine grosse Zahl von Zangen, auch Klöppel oder Kluppen genannt, zur Aufnahme der Nadeln tragen. Das Öhr dieser letzteren ist zu dem Zwecke nicht an dem einen Ende, sondern in der Mitte angebracht. Auf jeder Seite sind in einem Höhenabstand von ungefähr $^{1}/_{2}$ m zwei Lineale vorhanden, deren unteres mit dem oberen verbunden ist und durch dasselbe mitbewegt wird, das heisst die Maschine ist zweistöckig, sie stickt zu gleicher Zeit oben und unten. Die Breite des Musters, oder, was auf dasselbe hinausläuft, die Entfernung der einzelnen Nadeln von einander, heisst die Breite des Rapports, Rapport auch kurzweg genannt. Der gebräuchlichste ist der sogenannte $^{4}/_{4}$ Rapport, doch ist er bei vielen Maschinen versetzbar und kann ausserdem durch Weglassen von Nadeln beliebig vergrössert werden. Die erwähnten Zahlen beziehen sich auf den französischen Zoll, und zwar ist $^{4}/_{4}$ = 1 Zoll oder 2,8 cm. Von der Länge des Rahmens und dem Rapport hängt die Anzahl der Nadeln ab, eine $3^{1}/_{2}$stäbige Maschine hat bei $^{4}/_{4}$ Rapport deren 310, die also alle gleichzeitig dasselbe Muster sticken. Durch den Rapport ist natürlich auch die Vielseitigkeit des Musters bestimmt, je schmäler jener ist, desto weniger Raum ist zur Entwicklung vielgestaltiger Figuren vorhanden, und desto öfter kehrt das Muster wieder, desto grösser ist aber auch, was quantitative Leistung anbetrifft, die Überlegenheit der Maschine über die Hand.

Der Pantograph oder Storchschnabel dient dazu, den im Mittelgestell hängenden Rahmen und damit den Stickboden nach oben und unten, rechts und links zu bewegen und so zu ermöglichen, dass die nach diesen Seiten hin unverschiebbaren Nadeln jedesmal an einer anderen Stelle einstechen. Auf der Musterzeichnung ist jeder Stich, der gemacht werden muss, eingezeichnet. Diesem fährt nun der Sticker, bevor er einen neuen Stich macht, mit dem Stifte des Pantographen nach, wobei die Bewegung, um eine recht genaue Arbeit zu erhalten, in sechsfach verkleinerter Weise auf den Stickboden übertragen wird.

Unentbehrlich bei jeder gut ausgerüsteten Maschine sind der Feston-, der Loch- und der Stüpfelapparat. Der Festonapparat dient zum Einfassen der Stickerei, sozusagen zum Säumen; den Loch- und Stüpfelapparat gebraucht man bei der Hohlstickerei, der Lochapparat dient zum Lochen, während der Stüpfelapparat die Löcher, nachdem sie umstickt sind, gleichmässig rundet. Alle drei Apparate finden ihre Befestigung an dem Lineal und erfüllen Funktionen, die in den ersten Jahren der Maschinenstickerei der Hand oblagen.

Das Sticken selbst geht, nachdem der Stoff auf den Rahmen gespannt und die eingefädelten Nadeln in die Kluppen eingesetzt sind, in folgender Weise vor sich. Der Sticker[1] befindet sich in halb sitzender, halb stehender Stellung auf einem Schemel vor dem Musterblatt zur Linken der Maschine. Indem er mit der rechten Hand die dort angebrachte Kurbel dreht, bewegt sich der Wagen der einen Seite gegen den Stickboden und stösst die Nadeln bis zu

---

[1] Die Maschinen werden fast ausnahmslos von Männern getrieben, 1887 z. B. waren es nur 1,7 %, die von Frauen bewegt wurden. Vergl. Quellenangab. No. 13, IV. Jahrg. S. 28.

ihrer Mitte durch denselben. Durch einen Druck mit dem Fuss auf einen der Tritte öffnen sich die Kluppen des vorwärts bewegten Lineals, die auf der anderen Seite schliessen sich, die durchstossenen Nadeln erfassend, und werden nun durch eine Kurbelbewegung vermittelst des Wagens soweit zurückgeführt, bis die Faden — Nädlinge genannt — in ihrer ganzen Länge durch das Sticket durch- und angezogen sind. Mit der Linken führt der Sticker nun den Stift des Pantographen dem vorgezeichneten Stiche nach, verschiebt dadurch den Stickboden entsprechend, und die Bewegung der Wagen nimmt von neuem ihren Anfang. Der Vorgang ist analog dem beschriebenen, nur wird diesmal die Kurbel nach der anderen Seite gedreht und für die umgekehrte Öffnung bezw. Schliessung der Zangen ein anderer Tritt in Bewegung gesetzt.

Man sieht, die Arbeit des Stickers nimmt ihn stark in Anspruch, Augen, Hände und Füsse sind in fortwährender Thätigkeit. Die meiste Anstrengung erfordert die Trittbewegung, viel leistet aber auch der Oberkörper, der bei der Kurbelbewegung zeitweise eine vornübergebeugte Haltung einnimmt. Die rechte Hand wird nur bei abgenutzter Maschine oder da, wo ein starkes und festes Gewebe als Stickboden dient, angestrengt, man hört es in diesem Fall schon an dem Gang der Maschine, welchen Kraftaufwand ihr Betrieb erfordert. Im allgemeinen werden an Hand und Unterarm weniger Anforderungen in Bezug auf Kraft als auf Feinfühligkeit gestellt, die nötig ist, um beim Durch- und Anziehen des Nädlings bei feinen Sticketen nicht etwa das Gewebe des Stickbodens zu zerreissen. Der richtige Anzug ist einer der heikelsten Punkte bei der Stickerei.

Unterbrochen wird die Thätigkeit, wenn ein Faden reisst oder der circa 1 m lange Nädling aufgebraucht ist, was ein Einsetzen von neu eingefädelten Nadeln erfordert. — Das Einfädeln des Garns besorgt eine weibliche Hülfsperson, zu welcher Beschäftigung aber auch Kinder und Jünglinge verwandt werden. Eine erwachsene geübte Person genügt meist für eine Maschine, bei der Verwendung von alten Leuten oder Kindern kommt man aber in der Regel mit einem nicht aus. Die Hülfsperson hat neben dem Fädeln die Nadeln in die Kluppen einzusetzen, die Fadenenden abzuschneiden und zu beobachten, ob nicht etwa an dem unteren Lineal, das sich der Beobachtung des Stickers entzieht, ein Faden gerissen ist.

Je feinere Arbeit ein Sticker macht, desto mehr bedarf er einer aufmerksamen und sauberen Fädlerin, sein Produkt, das oft eine spätere Reinigung durch Waschen oder Bleichen nicht verträgt, kann durch Unsauberkeit der Fädlerin vollständig verdorben werden. Eben so ist die Art, wie bei den verschiedenen Fadensorten und Stickbodengeweben die Knoten in das Fadenöhr gemacht werden — eine scheinbare Kleinigkeit — von grossem Einfluss auf die Güte der Arbeit.

Aber auch an die Fädlerin des ungeübten Anfängers werden nicht geringe Anforderungen, wenn auch anderer Art, gestellt. Unter den groben Mustern, die er erhält, befinden sich nämlich sehr viele, die, wie man sich ausdrückt, Garn fressen, das heisst Stiche von grosser Länge erfordern. Da ist natürlich selbst bei langsamer Arbeit der Faden schnell aufgebraucht, und die Fädlerin muss sich beeilen, mit dem Sticker gleichen Schritt zu halten. Derselbe ist deswegen oft genötigt, noch eine zweite Person zeitweise zur Unterstützung heranzuziehen. Es hat sich deshalb auch bei ihm die Fädelmaschine, die man anfangs nur bei dem Betrieb mehrerer Maschinen für rentabel hielt, als brauchbar und als eine Ersparnis erwiesen. In Vorarlberg, wo bis jetzt fast nur ordinäre Ware produziert wird, habe ich sie öfter von Hausindustriellen angewandt gesehen. Überall wurde mir versichert, dass sie sich sehr gut bezahlt mache.[1] Diese Maschine wird mit der Hand

[1] Von einem Luxus, den Professor Sombart bei ihrer Anwendung von seiten Hausindustrieller konstatieren zu sollen glaubte (Quellenangabe No. 34), kann keine Rede sein. Eine einfache Berechnung zeigt dies: die Maschine kostet 620 Fr., rechnet man für Zins und Amortisation jährlich 70 Fr., so würde die Maschine täglich 23 cents kosten, während ein aushelfendes Mädchen von 14 Jahren für den halben Tag mindestens 50 cents erhält.

oder dem Fusse bewegt, kann von einem Kind bedient werden und besorgt das Einfädeln, Schlaufen-Machen und Nädling-Abschneiden ganz von selbst; sie soll die Hand um das Sechsfache an quantitativer Leistungsfähigkeit übertreffen.

Das von der Maschine abgenommene Produkt kommt nun, sei es beim Sticker selbst, sei es beim Kaufhaus, unter die Hände der Nachstickerin, die die leichten Schäden, die auch dem geübtesten Sticker manchmal passieren können, auszubessern hat. Dann wird die Ware auf mechanischem Weg gebleicht und hierauf mit dem Appret versehen, d. h. ihr vermittelst Auftrags einer Stärkelösung und durch darauf folgendes Glätten Glanz beigebracht. Dann wandert sie in die Ausrüstereien der Exporthäuser, wo sie auf Karton aufgemacht, in Schachteln gelegt, etikettiert u. s. w. wird, um dann zum Export fertig zu sein.

Das Material, aus dem die Plattstichstickereien hergestellt werden, ist meist, sowohl in Bezug auf den Stickboden, als auch in Bezug auf das Garn, mit dem man stickt, Baumwolle. Das Garn liefert die Ostschweiz ausschliesslich, von Stickböden hingegen stammen nur die leichten halbdichten und undichten Musselingewebe aus diesem Land. Die am meisten verwendeten, dicht gewobenen sogenannten Cambrics und die Tüllböden stellt England, erstere zeitweise auch Elsass her, während Frankreich mit England in Zephir und ähnlichen farbigen Geweben konkurriert. Neben der Baumwolle kommen noch Seide, weniger die Wolle, als Stickfaden auch Metall und Stroh in Betracht. Diejenigen Stickereien, zu deren Herstellung andere Stoffe als Baumwolle verwandt werden, sowie die Ätzstickereien bezeichnet man im allgemeinen als Spezialitäten. Den Stoff dazu liefert neben der Schweiz Frankreich.

Was die Produkte anlangt, so bilden und bildeten von Anfang an die eigentliche Grundlage der Maschinenstickerei in Plattstich die Besatzartikel für Weisszeug jeder Art, die als Bandes und Entredeux (Streifen und Einsätze) in den Handel kommen. Mit diesem Artikel steht und fällt die Maschinenstickerei. Machte er doch in den Zeiten, wo er am wenigsten verlangt wurde, wie 1892, immer noch drei Viertel des Werts der gesamten Produktion aus. Diese Bandes und Entredeux werden in den verschiedensten Feinheitsgraden fabriziert, von wirklich prachtvollen Mustern herunter bis zu jenen, bei denen man staunt, dass sie überhaupt noch gekauft werden. Von den anderen Erzeugnissen sind die bedeutendsten die vielseitigen Modeartikel, wie Roben, Schleier, Taschentücher — Tüchli genannt — dann Kravatten, Kragen, farbige Festons für Kleiderbesätze und die Imitation von Spitzen. Letzterer Artikel ist seit den 80er Jahren eingeführt, er wird hergestellt, indem man den leichten Boden, nachdem er bestickt ist, mechanisch oder chemisch so verbrennt, dass die Stickerei unangegriffen bleibt. Man nennt diese Art daher auch Luft- oder Ätzstickerei.

Die Maschinenstickereien gehen nach allen Ländern der civilisierten und halbcivilisierten Welt. Das wichtigste Absatzgebiet sind die Vereinigten Staaten, denen in neuerer Zeit England den Rang streitig macht, dann folgt — allerdings in weitem Abstand — Frankreich, dem sich die unbedeutenderen Abnehmer in bunter Reihe anschliessen. Wir finden da Centralamerika wie Ostasien, Australien wie Brasilien, die Europäische und Asiatische Türkei wie Belgien und Holland. Eine genaue Statistik über die Gesamtausfuhr existiert leider erst seit 1889, da die amtliche Handelsstatistik, die seit 1885 veröffentlicht wird, in den vier ersten Jahren nach der Angabe von Sachverständigen nicht zuverlässig erscheint.

Es betrug die Ausfuhr

| | In Besatzartikeln | In Spezialitäten | Insgesamt |
|---|---|---|---|
| 1889: | 60 602 079 Fr. | 12 554 294 Fr. | 73 156 373 Fr. |
| 1890: | 67 936 649 „ | 12 425 163 „ | 80 361 812 „ |
| 1891: | 56 176 452 „ | 14 103 152 „ | 70 279 604 „ |
| 1892: | 45 223 785 „ | 14 660 587 „ | 59 884 372 „ |
| 1893: | 47 951 698 „ | 12 502 310 „ | 60 453 988 „ [1] |

[1] Wie gross der Verbrauch von Stickereien in der Schweiz selbst ist, ist nicht bekannt. Jedenfalls ist er aber entsprechend der Kleinheit des Landes, dessen Bevölkerung noch dazu im allgemeinen dem Luxus abgeneigt ist, nicht bedeutend.

Von Amerika haben wir dank der amerikanischen Konsularstatistik seit längerer Zeit zuverlässige Zahlen. Dieselben leiden nur daran, dass eine etwas unklare Nomenklatur die zugleich mitaufgeführten Kettenstichstickereien in einigen unbedeutenden Punkten nicht mit völliger Gewissheit von den Maschinenstickereien trennen lässt. Ich habe eine Trennung versucht, gebe aber die Zahlen in Bezug auf die letzten fünf Stellen mit Vorbehalt wieder.

Es betrug die Ausfuhr an Maschinenstickereien nach Amerika

| | | |
|---|---|---|
| 1878: | 16 082 881 | Fr. |
| 1879: | 18 339 399 | „ |
| 1880: | 21 036 859 | „ |
| 1881: | 19 467 972 | „ |
| 1882: | 26 867 809 | „ |
| 1883: | 27 406 740 | „ |
| 1884: | 28 277 967 | „ |
| 1885: | 29 538 959 | „ |
| 1886: | 33 823 345 | „ |
| 1887: | 30 823 543 | „ |
| 1888: | 27 628 850 | „ |
| 1889: | 27 256 286 | „ |
| 1890: | 31 679 246 | „ |
| 1891: | 23 478 007 | „ |
| 1892: | 21 181 859 | „ |

Ich lasse noch eine detaillierte Gesamtausfuhrstatistik für die Jahre 1891 und 1892 folgen. Es wurden ausgeführt an Maschinenstickereien

a. Besatzartikel in Baumwolle

| nach | | 1891 | | 1892 | |
|---|---|---|---|---|---|
| Deutschland | für | 1 638 524 | Fr. | 1 421 251 | Fr. |
| Österreich | „ | 347 705 | „ | 295 940 | „ |
| Frankreich | „ | 3 522 871 | „ | 2 138 645 | „ |
| Italien | „ | 726 590 | „ | 805 959 | „ |
| Belgien | „ | 509 133 | „ | 503 516 | „ |
| zu übertragen | | 6 744 823 | Fr. | 5 165 311 | Fr. |

a. Besatzartikel in Baumwolle

| nach | | 1891 | | 1892 | |
|---|---|---|---|---|---|
| | Übertrag | 6 744 823 | Fr. | 5 165 311 | Fr. |
| Holland | für | 276 362 | „ | 303 414 | „ |
| England | „ | 17 447 621 | „ | 14 141 867 | „ |
| Russland | „ | 488 987 | „ | 253 365 | „ |
| Spanien | „ | 3 129 897 | „ | 2 357 667 | „ |
| Portugal | „ | 224 911 | „ | 113 670 | „ |
| Donauländer | „ | 570 227 | „ | 450 277 | „ |
| Europäische Türkei | „ | 287 826 | „ | 220 743 | „ |
| Asiatische Türkei | „ | 119 158 | „ | 164 323 | „ |
| Brit. Indien | „ | 138 170 | „ | 166 293 | „ |
| Ostasien | „ | 197 051 | „ | 124 690 | „ |
| Brit. Nordamerika | „ | 765 221 | „ | 645 937 | „ |
| Vereinigte Staaten | „ | 19 993 629 | „ | 15 856 371 | „ |
| Centralamerika | „ | 2 447 052 | „ | 1 773 723 | „ |
| Chile, Peru | „ | 363 857 | „ | 885 220 | „ |
| Brasilien | „ | 1 024 153 | „ | 842 613 | „ |
| Argentinien | „ | 261 955 | „ | 432 269 | „ |
| Übriges Südamerika | „ | 431 785 | „ | 259 620 | „ |
| Australien | „ | 873 922 | „ | 439 852 | „ |
| Andere | „ | 389 845 | „ | 626 560 | „ |
| | | 56 176 452 | Fr. | 45 223 785 | Fr. |

| | | b. andere Artikel | | c. Tüllstickereien | |
|---|---|---|---|---|---|
| | | 1891 | 1892 | 1891 | 1892 |
| | | Fr. | Fr. | Fr. | Fr. |
| Deutschland | für | 391 252 | 385 085 | — | — |
| Österreich | „ | 195 243 | 133 583 | — | — |
| Frankreich | „ | 656 865 | 837 839 | 195 934 | 349 534 |
| England | „ | 2 127 136 | 2 595 329 | 227 737 | 200 319 |
| Vereinigte Staat. | „ | 2 221 896 | 3 911 892 | 92 518 | 105 249 |
| Andere | „ | 612 097 | 545 430 | 84 513 | 104 760 |
| | | 6 204 489 | 8 409 158 | 600 702 | 759 862 |

| | | d. Seide | | e. Wolle | |
|---|---|---|---|---|---|
| nach | | 1891 | 1892 | 1891 | 1892 |
| | | Fr. | Fr. | Fr. | Fr. |
| Deutschland | für | 369 403 | 239 527 | — | -- |
| Österreich | „ | 278 503 | 188 749 | — | — |
| Frankreich | „ | 1 451 307 | 920 338 | — | — |
| England | „ | 3 290 293 | 2 327 983 | 302 759 | 322 943 |
| Vereinigte Staat. | „ | 1 047 491 | 1 175 468 | — | — |
| Andere | „ | 247 480 | 166 347 | 330 725 | 150 239 |
| | | 6 684 477 | 5 018 412 | 633 484 | 473 182 |

II. KAPITEL.

# GESCHICHTLICHE ENTWICKLUNG DER MASCHINENSTICKEREI.[1]

In den Klöstern, wo Stickereien lediglich für den eigenen Bedarf erzeugt wurden, soll der Plattstich nach Wartmann seit alter Zeit bekannt gewesen sein.

Wann er aber zum ersten Mal bei Handelsartikeln der Ostschweiz Anwendung fand, scheint zweifelhaft zu sein. Wartmann, der wohl die sicherste Quelle ist, lässt gegen das Ende des 18. Jahrhunderts einige Frauen in diesem Stich Modearbeiten, als Kragen, Halstücher, Ein- und Besätze anfertigen, während Sturzenegger[2] erzählt, dass Plattstichstickereien schon 1756, zu der gleichen Zeit, wo von Lyon aus durch Handelsbeziehungen der Kettenstich in St. Gallen und Umgegend bekannt wurde, von dem Haus Gonzenbach exportiert wurden. Nach einer dritten, am wenigsten glaubwürdigen Angabe soll der Stich 1801 aus Genua gekommen sein. Sei dem nun, wie ihm wolle, jedenfalls ist von einem regeren Verkehr erst seit Ende der 20er Jahre unseres Jahrhunderts die Rede.

Um diese Zeit begann Frankreich mit bedeutenden Bestellungen in derartigen Artikeln auf dem St. Gallener

[1] Vergleiche hierzu vor allem die von Dr. Wartmann verfassten Veröffentlichungen des Kaufmännischen Direktoriums in St. Gallen, Quellenangabe No. 1, 2, 10, 11.

[2] Vergl. Quellenangabe No. 4.

Markt aufzutreten. Arbeiterinnen des Appenzeller Halbkantons Inner-Rhoden, denen ihr bisheriger Erwerb, die Handspinnerei, durch das Aufkommen des mechanischen Betriebs verloren gegangen war, waren es hauptsächlich, die durch Vermittlung St. Gallener und Herisauer Geschäfte für Pariser und Nanziger Häuser arbeiteten. Sie müssen darin schnell eine grosse Geschicklichkeit erlangt haben, denn bald gab man dem neuen Industriezweig den Namen Feinstickerei, während sich für die ältere Kettenstichstickerei, die allerdings qualitativ etwas herunter gekommen war, der allgemeine Name Grobstickerei einbürgerte. Dass im Plattstich gestickte Tücher und Kragen häufig als Briefeinschlüsse nach der französischen Hauptstadt wanderten, spricht wohl nicht weniger für die Feinheit der Stickereien. Von Paris, dieser Herrscherin auf dem Gebiet der Mode, fanden die ostschweizerischen Erzeugnisse ihren Weg in alle Länder der Welt, soweit sie der Kultur erschlossen sind. Der Verkehr wurde bald so stark, dass auch im Handel eine Trennung von der Kettenstichindustrie stattfand, neue Geschäfte thaten sich auf, die nur Plattstichstickereien vertrieben.

Trotzdem sich in den 40er und anfangs der 50er Jahre in Frankreich, Sachsen und Schottland eine nicht unbedeutende Konkurrenz bemerklich machte, waren diese Jahre doch die goldenen Zeiten der feinen Handstickerei in der Ostschweiz. Man wusste die Arbeiterinnen nicht mehr aufzutreiben und musste, um ihre Zahl möglichst rasch zu vergrössern, zu der Gründung eigener Schulen schreiten.

Aber schneller, als man es trotz des Mitte der 50er Jahre eingetretenen Umschwungs der Mode erwarten konnte, erhielt die junge Industrie den Todesstoss. Das stolze Gebäude wurde im Jahre 1857 infolge der grossen Krisis in den Vereinigten Staaten, die im Lauf der letzten Jahrzehnte der eigentliche Träger des Baues gewesen waren, mit einem Schlage vernichtet. Dass sich die Handstickerei mit dem Eintritt günstigerer Zeiten nicht wieder erholen konnte, sondern heute nur eine sehr bescheidene Rolle spielt, dies verschuldete die Plattstichmaschine, die damals nach langen Versuchen eben denjenigen Grad von Vollkommenheit erreicht hatte, der sie zur allgemeinen Einführung befähigte.

Es war ein Sohn des Elsasses, Josua Heilmann, der im Jahre 1828 zuerst eine Stickmaschine mit 28 Nadeln konstruierte. Im folgenden Jahre erwarb von ihm ein St. Gallener Bürger zwei Maschinen und das alleinige Verkaufsrecht für die Schweiz und die angrenzenden Länder für eine bedeutende Summe. Die mit diesen Maschinen hergestellten Stickereien konnten aber so wenig mit den Handarbeiten konkurrieren, dass an eine Ausnützung der Erfindung vor ihrer Vervollkommnung nicht im entferntesten gedacht werden konnte. So sehen wir den Käufer und andere, mit denen sich dieser in Verbindung gesetzt hatte, Jahre lang vergebliche Anstrengungen machen, die Maschine zu verbessern. Auch in Spanien, Österreich, Russland und der eigentlichen Heimat der Maschinen, England, wo man sich an diesen Versuchen beteiligte, hatte man keine Erfolge und stellte die unbrauchbaren Stühle bald wieder zur Seite. Erst nach mehr als zwanzigjährigen Bemühungen gelang es einem Verwandten des ersten Erwerbers, Franz Rittmeyer in Verbindung mit dem Bayern Franz Vogler, die einzelnen Bestandteile der Maschine, die im Prinzip dieselbe blieb, dergestalt zu verbessern, dass man es wagen durfte, in gewissen Artikeln mit der Handstickerei zu konkurrieren und die erste Stickfabrik, anfänglich mit 12 Maschinen, einzurichten. Aber ihre Produkte hatten mit dem Vorurteil zu kämpfen, dem alle Maschinenerzeugnisse anfänglich begegnen. Obwohl es vorkam, dass Maschinenstickereien arglos für Handstickereien gekauft wurden, zeigte sich doch eine allgemeine Abneigung gegen das Rittmeyersche Fabrikat, nur Brasilien und Havana nahmen es auf.

Nordamerika blieb es mit seinem im Jahre 1853 beginnenden, rasch wachsenden Begehr vorbehalten, die junge Industrie auf eigene Füsse zu stellen. Das Jahr 1856 zeigt uns schon mehrere Fabriken, darunter eine von dem Rittmeyerschen Haus mit mehr als 100 Maschinen.

Der nordamerikanische Bürgerkrieg lähmte wohl vorübergehend die Entwicklung der Maschinenstickerei, dann aber nahm sie infolge der amerikanischen und englischen Nachfrage einen Aufschwung, wie er kaum in der Geschichte der Schweizer Industrien ein Analogon haben dürfte. Zwar blieben auch in den 60er Jahren vorübergehende Stockungen in der Nachfrage nicht aus, aber sie waren immer nur Pausen, denen rasch ein um so stärkerer Begehr folgte, so dass die Vermehrung der Maschinen ununterbrochen sich bis zum Anfang der 80er Jahre fortsetzte. Kapitalisten wie Arbeiter konnten eben ihr Geld und ihre Arbeitskraft nirgends besser als in der Stickerei verwerten. Wurde doch der Unternehmergewinn auf 40% des Verkaufspreises berechnet [1], der Lohn eines mittleren Fabrikstickers aber — wenigstens bis 1875 — auf mehr als 4 Franken geschätzt.

Zahlen werden am besten für den grossen Aufschwung sprechen. Es standen in den drei Kantonen St. Gallen, Appenzell Ausser- und Inner-Rhoden und Thurgau

| | | |
|---|---|---|
| 1865 . . . | 770 | Maschinen |
| 1872 . . . | 6384 | „ |
| 1876 . . . | 9942 | „ |
| 1880[2] . . . | 14770 | „ |
| 1884 aber über | 20000 | „ |

Mit dieser Zahl war nun allerdings der Bedarf nicht nur völlig gedeckt, sondern in einer Weise überschritten, dass von da ab die Industrie an einer beständigen Überproduktion krankt und die Beteiligten so unter den niedrigen Löhnen leiden, dass sich schon, wenn auch erst in kleinen Anfängen, ein völliges Aufgeben der Stickerei und ein Rückwärtsströmen der Arbeiter in die alten Berufe zeigt. Bei einer 1890 aufgenommenen Statistik standen von 21660 Maschinen über 2000 still, und die Fabrikinspektoratsberichte

---

[1] Vergl. Quellenangabe No. 22, II S. 265.

[2] Inklusive Zürich und Voralberg, welch' letzteres seit Mitte der 70er Jahre angefangen hatte, Maschinen aufzustellen.

vom Ende der 80er Jahre erzählen uns von einem dadurch hervorgerufenen neuen Leben in der Landwirtschaft und dem Handwerk.

Eine der interessantesten Fragen, die sich uns bei der Betrachtung der so plötzlich erfolgenden Entwicklung aufdrängt, ist wohl die: Woher kamen die Arbeiter?

Die Industrie bedurfte Männer wie Frauen, denn zu der Bedienung der Maschine sind, wie wir wissen, zwei Personen, der Sticker und die Fädlerin, nötig. Da traf es sich in den 60er Jahren günstig, dass beide Klassen aus anderen zurückgehenden Zweigen der Textilbranche herübergenommen werden konnten, Personen also, die infolge ihres früheren Berufes in gewissem Grade Geschicklichkeit und Verständnis zur Erlernung des jetzigen mitbrachten. Die Männer rekrutierten sich aus den Handwebern, von denen infolge Einführung des mechanischen Betriebs in der Weberei ein grosser Teil brotlos geworden war, die Frauen aber gingen aus den Handstickerinnen hervor, denen, wie wir gesehen haben, das Jahr 1857 ihren Erwerb so gut wie genommen hatte. Bald aber reichte dieser Stamm von Kräften für den grossen Bedarf der Maschinenstickerei nicht mehr aus, und es begann, gefördert durch die hohen Löhne, ein Herbeiströmen von Arbeitern aus allen Ständen, an das noch jetzt mancher Unternehmer in den andern ostschweizerischen Industrien mit Schrecken denkt. Vor allem waren es die Arbeiter der mechanischen Spinnereien und Webereien, die ihre frühere Beschäftigung verliessen, aber auch Handwerker, Taglöhner, männliche und weibliche Dienstboten und nicht weniger die Bauern wechselten ihren Beruf, um das moderne, „noblere“ und vor allem mehr Gewinn bringende Gewerbe eines Stickers oder einer Fädlerin zu betreiben. Es war wirklich eine Umwälzung in allen Verhältnissen: während die Stickerei alle Kräfte des Inlandes aufzusaugen begann, wussten die anderen Gewerbe, denen der grosse Magnet ihre besten Arbeiter entzog, nicht, woher sie ihrerseits Ersatz nehmen sollten. Spinnereien und Webereien mussten höhere Löhne zahlen, um nicht noch den Rest ihrer guten Arbeiter zu verlieren, und trotzdem standen zeitweise eine Anzahl mechanischer Webstühle still, weil es an Händen fehlte, sie zu bedienen.

Fasste naturgemäss die Maschinenstickerei im Anfange in den Bezirken festen Fuss, die schon bisher hauptsächlich der Industrie dienten, wie namentlich in den westlichen Teilen des Kantons St. Gallen und im Mittelland von Appenzell Ausser-Rhoden, so folgten doch auch bald die Landwirtschaft treibenden Gegenden von Appenzell, Thurgau und St. Gallen, etwas später Vorarlberg und zuletzt die nordöstlichen Teile des Kantons Zürich nach. Heute haben diese Gegenden den rein kleinbäuerlichen Charakter stark eingebüsst, wie uns am deutlichsten der am Rhein gelegene Bezirk Werdenberg zeigt: 1872 kam dort auf 120, 1876 auf 33 und 1890 auf 10—15 Einwohner eine Maschine. Wohl selten ist eine rein landwirtschaftliche Bevölkerung schneller zu teils ausschliesslichen, teils zeitweiligen Industriearbeitern umgebildet worden. Dass dies aber geschah, ist weniger dem bekannten Umstand zuzuschreiben, dass in der Schweiz die Fabriken selten in grossen Orten konzentriert, sondern über das ganze Land zerstreut sind, als vielmehr der Thatsache, dass die Maschinenstickerei nicht nur in grösseren Fabriken, sondern auch in kleineren Betrieben und vor allem in der Hausindustrie gepflegt wird. Dies würde nichts Auffallendes sein, wenn sich aus der Hausindustrie der Klein- und schliesslich der Grossbetrieb entwickelt hätte. In dieser Weise sehen wir viele Industrien entstehen, indem auf Kosten der früheren Betriebsweise — aber ohne diese ganz zu verdrängen — eine neue, der Zeit mehr angepasste sich entwickelt. Dass aber der umgekehrte Fall eintritt, dass aus einer erst in der Entwicklung begriffenen Fabrikindustrie sich die Heimarbeit mit teilweiser Verdrängung der ersteren herausbildet, dies muss tiefe Gründe haben, die wohl wert sind, eingehend aufgesucht und erörtert zu werden. Umsomehr, als der Fall bis jetzt nur sehr selten beobachtet worden ist. Wohl wird uns häufig erzählt, dass bei einzelnen Industrien auch die Hausindustrie erst die Nachfolgerin der Fabrik war, aber nur ganz vereinzelt wird berichtet, dass deswegen die schon bestehenden Anlagen verschwunden wären. Dies aber ist in unserem Industriezweig der Fall gewesen.[1]

Ich muss hierbei einschiebend bemerken, dass ich in Übereinstimmung mit dem schweizerischen Fabrikgesetz lediglich die Besitzer von 1—2 Maschinen als Heimarbeiter betrachte, weil hier ausschliesslich oder fast ausschliesslich nur Familienangehörige beschäftigt werden.[2] Nach Stieda, der sich mit der Theorie der Hausindustrie eingehend befasst hat,[3] würden zu ihr auch die Kleinbetriebe zu rechnen sein, sofern nur der Besitzer der Maschinen selbst mit arbeitet; seine Angestellten, die doch zu ihm im klaren Verhältnis des Fabrikarbeiters stehen, wären nach dieser Theorie seine hausindustriellen Gehülfen. Bei Annahme dieser Definition und Ansicht würde aber in unserem Falle die Grenze zwischen Fabrik und Hausindustrie sehr schwer zu ziehen sein, um so schwerer, als Hausindustrie und Fabrik hier einen Berührungspunkt haben, der sie sonst streng scheidet, nämlich den, dass beide den Absatz nicht beherrschen, sondern gewöhnlich lediglich im Dienste der Kaufleute stehen.

Also wir halten an dem Unterschied, den das schweizerische Fabrikgesetz macht, fest.

Verfolgen wir erst in kurzem geschichtlich-statistisch das Aufkommen und Wachsen der Hausindustrie, ehe wir

[1] In der Schwesterindustrie in Sachsen ist die Entwicklung dieselbe gewesen; vergl. hierzu die „Jahresberichte der Handels- und Gewerbekammer in Plauen“, vor allem Jahrg. 1884 S. 140 und Jahrg. 1889 S. 148. Wenn Dr. C. Cohen in seinem Aufsatz: „Die Verbreitung des Abzahlungssystems im Maschinenhandel“ in Schmollers Jahrbuch für Gesetzgebung u. s. w., XV. Jahrg., S. 293, Anm. 1 behauptet, in Sachsen habe keine Auflösung der Fabriken stattgefunden, so ist dies nach meiner obigen Quelle nicht richtig. — Ausserdem sind mir nur zwei dem unserigen analoge Vorgänge bekannt geworden: in der Bergischen Lastingschäftefabrikation und in der Pariser Kunsttischlerei. Vergl. hierzu Quellenangabe No. 34 S. 749 und 927.

[2] Die Zahl der 2 Maschinen Besitzenden ist übrigens nicht unbedeutend. 1885 hatten 9230 Hausindustrielle 10 864 Maschinen, so dass 17,70% aller Heimarbeiter 2 Maschinen besassen. Vgl. Quellenangabe No. 13, 1. Jahrg. S. 32.

[3] Vergl. Quellenangabe No. 33.

die diese Entwicklung begünstigenden Gründe einer Betrachtung unterziehen.

Bei ihrer Entstehung schien die Maschinenstickerei sich lediglich zu einer Fabrikindustrie ausbilden zu wollen, aber schon in den 60er Jahren tauchten Kleinbetriebe mit 10 und weniger Maschinen auf, und bald stellten sich auch die Hausindustriellen, die Einzelsticker, wie auch wir sie nennen wollen, ein. Auffällig aber wurde ihre Zahl erst in den 70er Jahren, wo sie innerhalb kurzer Zeit in ganz gewaltiger Weise zunahmen, während die Erstellung von neuen Fabriken und die Vergrösserung von alten im Gegensatz zu früheren Jahren ein langsameres Tempo einschlug. Zum Belege seien einige Zahlen angeführt:

| | | | |
|---|---|---|---|
| 1872 | zählte man | 7 | % Einzelsticker |
| 1876 | „ „ | 10 | „ „ |
| 1880 | „ „ | 39,5[1] | „ „ |

Allerdings ist hierbei zu bemerken, dass die Zahlen von 1872 und 1876 zu niedrig gegriffen sind, da damals die Besitzer von 2 Maschinen zu den Fabrikanten gezählt wurden. Aber selbst obigen Fehler in Anrechnung gebracht, hatten sich doch die Einzelsticker innerhalb dieser acht Jahre um sicher das Siebenfache vermehrt, während die in den Fabriken aufgestellten Maschinen, die sich von 5936 auf 8525 gehoben hatten, nicht einmal um die Hälfte gestiegen waren. Bis 1880 ist aber doch wenigstens noch keine Verminderung der letzteren bemerkbar. Von da ab bis 1890 erfolgt indes die erstaunliche Vermehrung von Maschinen nicht nur lediglich durch die Hausindustrie, sondern diese nimmt auch noch einen Teil der Fabrikmaschinen in sich auf. Wir sehen einzelne Fabriken ganz verschwinden, andere ihre Maschinenzahl verringern. Nicht weniger als 43 Anlagen, die über 8 Maschinen beschäftigten, gingen während dieser Periode ein, und die Zahl der in Etablissements von dieser Grösse aufgestellten Stickstühle verminderte sich um 673, während ihre totale Vermehrung in dieser Periode 6540 betrug. Um diese grosse Summe zusammen mit obigen 673 Maschinen war nun lediglich die

[1] Inklusive Vorarlberg.

Hausindustrie reicher, da die Kleinbetriebe von 3—7 Maschinen keinerlei Veränderung erfahren hatten. So betrug 1890, wenn wir von den 1444 in Zürich und anderen Schweizer Kantonen aufgestellten Maschinen, worüber nähere Angaben fehlen, absehen, der Prozentsatz der in der Hausindustrie betriebenen Maschinen 60,39 %, oder um mit positiven Zahlen zu reden, von 19923 Maschinen waren 12033 in Händen von Einzelstickern, und nur 7890 standen in Fabriken.[1]

Untersuchen wir jetzt, welche Thatsachen diese merkwürdige Erscheinung hervorriefen. Wir betrachten die Sache am besten von zwei Gesichtspunkten aus, einmal, indem wir fragen: Warum wurden die Fabriken entsprechend dem zeitweise doch sehr stark vermehrten Bedarf nicht vergrössert und nicht nur keine neuen angelegt, sondern die Zahl derselben in letzter Zeit sogar noch verringert? und indem wir uns ferner eine Antwort zu geben suchen auf die Frage: Wie war es möglich, die Maschinenstickerei zu einer der Fabrik gegenüber nur allzusehr konkurrenzfähigen Heimarbeit zu machen? Aus den beiden Antworten zusammen werden wir uns dann ein richtiges Bild der Gründe, die die eigentümliche Umwandlung verursachten, konstruieren können.

Die Ursachen, die die Fabrikanten von einer Vergrösserung bezw. Neuaufstellung von Etablissements absehen liessen, sind verschiedener Natur.

Zeitlich wohl die ersten Momente, die in die Aufstellung von Fabriken ein langsameres Tempo brachten, waren die wechselnden Konjunkturen und der Umstand, dass die Fabrikbesitzer anfangs der 70er Jahre grösstenteils einen guten Teil ihrer Selbständigkeit eingebüsst hatten, oder doch wenigstens dieser Gefahr entgegengingen.

Was die wechselnden Konjunkturen anbetrifft, so sahen ja die Fabrikanten aus der Geschichte der Kettenstich- und Plattstichhandstickerei, welchen Änderungen der Begehr

---

[1] Von letzteren befanden sich in Fabriken von 8 und mehr Maschinen 5282 = 26,51 %, in Etablissements mit 3—7 Maschinen 2608 = 13,10 % der Gesamtzahl.

nach Stickereien infolge Wechsels der Mode oder anderer Umstände ausgesetzt sein kann, auch hatten sie alle — beteiligt oder unbeteiligt — die schlechten Jahre des amerikanischen Bürgerkriegs, die ungünstigen Zeiten von 1867/68, die verdienstlosen Jahre 1872/73 mit erlebt, was Wunder, dass sie sich scheuten, allzu grosse Kapitalien in eine Unternehmung zu stecken, deren Wert über Nacht sehr problematisch werden konnte. Sie wollten wohl lieber in guten Jahren einen Teil des Unternehmergewinns mit den Hausindustriellen teilen — allzu gross konnte dieser Teil ja doch nicht werden — als in schlechten Zeiten, deren Kommen unschwer vorauszusehen war, in den Maschinen ein bedeutendes Kapital festgelegt zu haben, das sich dann nicht nur nicht rentierte, sondern leicht eine dauernde grosse Entwertung erfahren konnte. Sie hatten um so weniger Grund, sich auf dieses Risiko einzulassen, als sie damals schon den Gewinn mit den Kaufleuten teilen mussten, indem sie, wie man sich ausdrückt, „Lohnsticker" geworden waren. Der ganze Handel vereinigte sich nämlich mehr und mehr in den Händen einzelner einheimischer Exporteure, die nicht nur den Absatz, diesen wichtigen Produktionsfaktor, fast ausschliesslich beherrschten, sondern auch die Musteranfertigung in die Hand nahmen, so dass der Fabrikant lediglich ausführendes Organ geworden war und sich, was Abhängigkeitsverhältnis von dem Grosskaufmann anbetrifft, nicht allzusehr von dem kleinen Hausindustriellen unterschied. Dass aber mit der zunehmenden Unselbständigkeit eine Abnahme des Unternehmergewinns Hand in Hand ging, liegt klar vor Augen. Der Verlust war um so grösser, als sich die Hausindustriellen auch dem Grosskaufmann unter Umgehung des Fabrikanten teils direkt, teils durch Vermittlung des Ferggers (Arbeitsvermittlers) zur Verfügung zu stellen begannen, deren billige Leistungen der Exporteur nun leicht steigenden Forderungen der Fabrikbesitzer gegenüber ausspielen konnte.[1]

[1] Welche Einbusse im Gewinn die Fabrikanten Ende der 70er Jahre erfahren hatten, illustriert eine Auslassung eines Fabrikinspektors aus

Was Bedeutung anlangt, wurden diese Gründe für die abnehmende Neigung, neue Fabriken zu erstellen, noch übertroffen durch das am 1. Januar 1878 in Kraft getretene schweizerische Fabrikgesetz. Dieses enthält als Hauptpunkte folgende zwei wichtige Beschränkungen für die Fabriken, in unserem Falle also für Anlagen von drei und mehr Maschinen: Die Einführung des Maximalarbeitstages von 11 Stunden und das Verbot der Arbeit von Kindern unter 14 Jahren. Gewiss hat das Gesetz seine Hauptwirkung erst vom Tage seiner Einführung ab ausgeübt, aber der Gedanke ist gar nicht abzuweisen, dass es schon früher einen Einfluss auf die Entwicklung des gewerblichen Lebens gehabt hat. Denn es ist zu berücksichtigen, dass es schon lange vor seiner Einführung so zu sagen in der Luft lag. Wie uns Böhmert[1] erzählt, hatten schon 1872 acht Kantonsregierungen, darunter die St. Gallener, über einen dem eidgenössischen ähnlichen Entwurf beraten und 1873 war ein von den kantonalen obersten Behörden St. Gallens eingebrachtes Gesetz betreffend Maximalarbeitstag und Schutz jugendlicher Personen in der Urabstimmung durch das Volk gefallen. Auch hatte die Schweizer Bundesverfassung von 1874 dem Bund das Recht verliehen, einheitliche Bestimmungen über die Verwendung von Kindern in Fabriken und über die Dauer der Arbeit erwachsener Personen in denselben aufzustellen. So mussten schon damals die Fabrikbesitzer damit rechnen, dass ihnen in der nächsten Zeit gesetzliche Verordnungen die Freiheit in ihrem Betrieb etwas beschneiden würden, Bestimmungen, von denen sie fürchteten, dass sie auf ihre Produktions- und Konkurrenzfähigkeit gegenüber der sächsischen Schwester-

---

dem Jahre 1879: „Während die Stickereibesitzer früher bis 56 cents per 100 Stich erhielten, stellt sich jetzt die Bezahlung auf etwa 35 cents. Der Lohn des Arbeiters hingegen ist nur um etwa 9 % gesunken. Vor 8 Jahren warf eine Maschine einen Unternehmergewinn von Fr. 2000 und darüber ab, und heute ist kaum mehr als Zins und bescheidene Amortisation für Maschinen und Gebäude zu gewinnen." Vergl. Quellenangabe No. 8 Jahrgang 1879.

[1] Vergl. Quellenangabe No. 22, Bd. I. S. 92.

industrie schädigend wirken würden. Schon das Verbot der Kinderarbeit — es waren nicht wenig Kinder als Fädler in ihren Fabriken, wenn auch nur zeitweise beschäftigt — schien ihnen schwer zu ertragen. Denn wenn dieses Verbot direkt auch nur die Sticker traf, die die Kinder angestellt hatten und bezahlten, indirekt musste die Verteuerung des Fädlerlohnes auch auf den Stickerlohn wirken und so auch den Fabrikanten in Mitleidenschaft ziehen. Nun gar erst die Beschränkung der Arbeitszeit auf täglich 11 Stunden, die schien ihnen gleichbedeutend mit einem durch nichts einzubringenden Ausfall der Produktion. Sie konnten oder wollten nicht glauben, dass bei einer um eine oder gar zwei Stunden kürzeren Arbeitszeit der Sticker dasselbe leisten könnte als früher. Wenn sie aber auch die Meinung der Fabrikinspektoren geteilt hätten, dass ein kürzerer Arbeitstag auf die Dauer die Produktion nicht verringern würde, so fürchteten sie doch, dass Bestellungen auf kurze Lieferfristen von ihnen nicht mehr ausführbar sein und ins Ausland oder in die Hütten der ja auch damals schon existierenden, dem Fabrikgesetz nicht unterstellten Einzelsticker gedrängt werden würden. Und dass sie sich darin nicht irrten, dass ihnen die Bestimmungen des Fabrikgesetzes später, als es eingeführt war, auch wirklich lästig waren, dafür geben uns die Veröffentlichungen des schweizerischen Handels- und Landwirtschaftsdepartements[1] einen sprechenden Beweis. Mit allen möglichen Mitteln suchte der Einzelne für seine Fabrik die hinderlichen gesetzlichen Vorschriften zu beseitigen, der Grossfabrikant, indem er um Dispensation von Innehaltung des Maximalarbeitstags einkam, der Besitzer eines kleinen Betriebs, indem er durch allerlei, freilich fruchtlose Machinationen es dahin bringen wollte, den Begriff der Fabrik auf seine Anlage nicht angewandt zu sehen.

Je mehr aber die Hausindustrie in der Maschinenstickerei überhand nahm, desto unangenehmer wurde natürlich für die Fabrikanten das Gesetz; war ihnen erst einmal

[1] Vergl. Quellenangabe No. 9.

die Heimarbeit, die sich vollkommen frei bewegte, an Maschinenzahl gewachsen, so mussten sie sich auf einen harten Kampf gefasst machen.

So war das Bundesgesetz dazu angethan, die Hausindustrie auf Kosten der Fabrik immer mehr auszudehnen, indem erstere, je mehr sie sich infolge der durch ihre Freiheit erhöhten Konkurrenzfähigkeit verbreitete, desto mehr dazu zwang, die Fabrikindustrie einzuschränken.

So haben wir die Gründe für die Verminderung der Fabrikanlagen in der Maschinenstickerei erkannt: sie alle gipfeln in dem Punkte, dass das Geschäft in Hinsicht auf das grosse Risiko zu wenig lohnend geworden war.

Erklären wir jetzt, wie es kommen konnte, dass die Maschinenstickerei Hausindustrie wurde.

Wie für die Verminderung der Fabriken, ist für die Entstehung der Hausindustrie das schweizerische Fabrikgesetz ein Antrieb gewesen. Gerade wie der Fabrikant fürchtete auch der im Stücklohn bezahlte Arbeiter einen Ausfall seines Verdienstes durch die Einführung dieses Gesetzes. Es zogen daher diejenigen Arbeiter, die sich eine kleine Summe erspart hatten, jetzt vor, eine Maschine im eigenen Heim aufzustellen, wo man ungehindert arbeiten konnte, so lange und mit wem man wollte. Immerhin sind aber auf diese Weise nur relativ wenig hausindustrielle Sticker entstanden, die Hauptgründe für das Aufkommen der Heimarbeit liegen wo anders.

Es ist hier vor allem zu betonen, dass die Heimarbeit nicht einen technisch inferioren Kampf mit der Fabrik aufnahm, sondern in der Lage war, dieselbe Maschine zu benützen, die in der Fabrik angewandt wurde. Es liegt auf der Hand, dass dies nur möglich war durch das Fehlen des Motorenbetriebes in unserer Industrie. Auch in der Fabrik wird ja jede Maschine durch Menschenhand getrieben, auch dort hat man sich noch nicht entschliessen können, die erfundenen Dampfstickmaschinen verschiedener Konstruktion praktisch zu verwerten. Trotzdem ist es immerhin noch auffallend genug, dass eine Maschine von der Grösse und dem Preis wie die unsrige in die Hütte des Arbeiters Eingang finden konnte.

Dies aber geschah auf zweierlei Weise. Entweder mietete der Heimarbeiter von seinem Arbeitgeber, häufiger von einem Dritten die Maschine, oder er kaufte sie und zwar meist auf dem Wege der ratenweisen Zahlung. Die Mietsmethode war im grossen und ganzen nicht häufig. Wenn der Hausindustrielle hierbei, wie wir noch später sehen werden, auch keineswegs ausgebeutet wurde, so war doch sein Bestreben stets darauf gerichtet, die Maschine als Eigentümer zu erwerben. Schon seine Eigenschaft als Hausbesitzer, der er meistens ist, legten ihm wohl den Wunsch nahe, auch die in seinem Heim aufgestellte Maschine sein eigen zu nennen. Für den Fabrikanten und anderen Kapitalisten aber bot der Modus des Maschinenvermietens keine nennenswerten Vorteile. Ein Aussaugungssystem konnte nicht Platz greifen, damit fiel aber für viele kapitalkräftige Leute der Reiz, ihr Geld in Maschinen anzulegen und solche zu verpachten, fort[1]. So war es im Interesse der Fabrikanten wie der Einzelsticker, wenn letzterer das Werkzeug selbst stellte. Aber dasselbe war sehr teuer. Eine Maschine kostete im Anfang 3000 Fr., zu Zeiten der starken Maschinenvermehrung 2200 und jetzt immerhin noch 1400—1700 Fr. Für einen Handwerker, Bauern, Spinner oder Fabriksticker sind das doch Beträge von grosser Höhe, die die wenigsten zu zahlen imstande gewesen wären, wenn ihnen nicht die Maschinenfabriken günstige Zahlungsbedingungen gestellt hätten. Diese hatten hierzu ihre guten Gründe. Die Maschinen waren nämlich alle von Anfang an in der Schweiz gebaut worden, so dass eine Anzahl von Maschinenfabriken auf diesen Artikel eingerichtet und vergrössert worden war. Nichts war natürlicher, als dass sie jetzt, wo auf einmal eine Verminderung der Nachfrage von seiten der Stickfabrikanten eintrat, mit den Preisen heruntergingen und sich mit ihren Verkaufsbedingungen der Zahlungsfähigkeit der neuen Käufer anpassten, dass sich hier schnell durch Vermittlung zahlreicher,

[1] Vergl. hierzu des nähern S. 50, 52 und 66.

das Land durchstreifender Agenten ein Abzahlungssystem herausbildete. Nach dem gewöhnlichen Vertrag war ein Drittel der Bezahlung bei der Bestellung, ein Drittel bei der Lieferung und das letzte Drittel nach dem ersten Vierteljahr fällig. Es war dies für die Hausindustriellen um so annehmbarer, als die Bedingungen gar nicht streng eingehalten wurden. Denn wurde nur das erste Drittel zur richtigen Zeit ausgehändigt, mit den andern beiden nahmen es die Fabriken nicht so genau. Und wenn ja, so konnte man in den zahlreichen Sparkassen zu angenehmen Bedingungen Geld erhalten. Die Maschinenfabriken riskierten bei diesen Abzahlungen nichts, sie sicherten sich durch einen Bürgschein — fast nie durch Eigentumsvorbehalt[1] —, und ausserdem wussten sie, dass der Verdienst eines Einzelstickers — wenigstens gilt dies für die 70er Jahre — diesen doch bald seinen Verpflichtungen nachkommen lassen würde. — Daneben verkauften auch Fabrikanten zu noch viel angenehmeren Bedingungen einen Teil ihrer Maschinen, sei es, um sie ihrerseits durch neue zu ersetzen, sei es, um ihren Betrieb überhaupt einzuschränken.

So konnte die Maschine auch ihren Einzug in die Hütten der armen Klassen der Industrie und der Landwirtschaft halten. Freilich, ein kleines Kapital mussten die Leute haben, und so klein es war, so erklärt es uns doch, wenn auch nur für den Bereich der Hausindustrie, warum so äusserst wenig ausländische Elemente der Maschinenstickerei zuströmten. Denn Arbeiter, die über ein derartiges Kapital verfügen, sind selten und pflegen nicht zu fluktuieren.

Neben der Möglichkeit der Einführung der Maschine in die Hausindustrie musste aber die Maschinenstickerei noch andere Eigentümlichkeiten in sich tragen, um befähigt zu sein, in der Hausindustrie festen Fuss zu fassen. Diese finden wir bei unserem Industriezweig vor allem in der leichten Erlernbarkeit und der möglichen Verwendung von Frau und Kindern.

[1] Nur in Vorarlberg, wo ein Grosskapitalist zahlreiche Maschinen vertrieb, fand der Eigentumsvorbehalt mit all' seinen hässlichen, glücklicherweise nur selten eingetretenen Folgen Anwendung.

Was erstere anbetrifft, so ist sie im allgemeinen kein unbedingtes Erfordernis, um ein Gewerbe in der Form der Heimarbeit pflegen zu können, manche schwer zu erlernende Industrie wird ja so betrieben. Im vorliegenden Fall zweifle ich aber, ob es der Hausindustrie ohne Erfüllung dieser Bedingung gelungen wäre, auch nur annähernd so die Fabrik zu verdrängen, als sie es gethan. Man muss bedenken, dass sie einen Konkurrenzkampf mit den schon angelernten Fabrikstickern zu bestehen hatte, der dadurch noch verschärft wurde, dass der Einzelsticker gerade im Anfang rasch verdienen musste, um vor allem seine Maschine bezahlen zu können. Würde man Monate brauchen, um sich im Sticken so auszubilden, dass man seine Produkte auf dem Markte sehen lassen kann, dann würde dies freilich die Entstehung der Hausindustrie nicht gänzlich verhindert haben, aber nie und nimmer hätte dieselbe innerhalb so kurzer Zeit solche Ausdehnung annehmen und den Charakter grosser Landstriche so völlig verändern können. So aber, wo man innerhalb vier Wochen — die Stickschule in Dornbirn hatte im Jahre 1892 Kurse von dreissigtägiger Dauer —[1] die ganze Kunst so weit begriffen hat, dass man Massenartikel, an die keine grossen Ansprüche gestellt werden, schon leidlich verfertigen kann, da war natürlich der Boden für die schnelle Entwicklung der Heimarbeit sehr geebnet.

Was die Verwendung von Frauen und Kindern anlangt, muss freilich zugegeben werden, dass diese erst seit dem Fabrikgesetz zu einem Hauptgrund für die Verbreitung der Hausindustrie wurde. Aber auch schon zu Zeiten, wo die Fabriken ungehindert und beliebig lange Kinder und Frauen beschäftigen konnten, war deren Heranziehung im Hause des Stickers viel leichter und bequemer als in der Fabrik. Wenn ihm in dieser seine Frau als Fädlerin half, so konnte sie entweder die täglichen Mahlzeiten nicht bereiten, oder es mussten zu gewissen Stunden die Kinder,

[1] Vergl. hierzu auch die Behauptung in No. 13, Jahrg. 1887 der „Stickerei-Industrie", dass die meisten Sticker nur eine vierwöchentliche Lehrzeit durchgemacht hätten.

sofern solche da waren, für sie einspringen. Dies ist in einem grossen Etablissement, das vielleicht noch eine Strecke von dem Wohnort des Arbeiters entfernt liegt, natürlich mit anderen Schwierigkeiten verbunden, als wenn im Hause des Stickers die Frau für einige Stunden des Tages durch die Kinder ersetzt wird.

Ein fernerer, etwas allgemeinerer Grund, dem die grosse Verbreitung der Hausindustrie in der Maschinenstickerei zuzuschreiben ist, ist der Hang des Volkes nach Unabhängigkeit, ein unwägbares Etwas von gar nicht unbedeutendem Einfluss[1]. Der Arbeiter unserer Gegend hasst die Fabrik, deren Arbeitsordnung ihm als ein Zwang, als eine Beschränkung seiner Freiheit erscheint, um so mehr, als er sehr häufig durch eine lange Tradition mit der Heimarbeit verknüpft ist[2]. Das trifft nicht nur für die guten, das trifft auch für die schlechten Zeiten der letzten Jahre zu, wo der Fabriksticker, wenn man alles in Betracht zieht, besser daran war als der Heimarbeiter[3]. Dieser will essen, wenn es ihm beliebt und seine Arbeitszeit einrichten, wie es ihm gut dünkt, und nicht immer unter dem Gefühl eines äusseren Zwangs stehen. Dass ihm diese Freiheit oft teuer zu stehen kommt, das nimmt er eben mit in den Kauf, er hungert, aber „er hungert auf eigene Faust innerhalb seiner vier Pfähle.“ Er hat das instinktive Gefühl, dass seiner ökonomischen Besserung in der Fabrik eine soziale Herabdrückung entspricht.

Rekapitulieren wir kurz unsere Ausführungen: Auf Seite des Fabrikbesitzers waren es die Stockungen, die verloren gehende Selbständigkeit, vor allem das Fabrikgesetz, was ein Emporkommen der Hausindustrie begünstigte, auf Seiten des Heimarbeiters die leichte Möglichkeit des Erwerbs der Maschine, die leichte Erlernbarkeit, Verwendung von

---

[1] Diese Beobachtung wurde auch anderwärts gemacht; vergl. Dr. E. Sax, die Hausindustrie in Thüringen. I. S. 52.

[2] Dies gilt namentlich von vielen bäuerlichen Stickern, die vor Einführung der Maschinenstickerei durch Generationen hindurch in der hausindustriellen Weberei einen Nebenerwerb suchten und fanden.

[3] Vergl. die übereinstimmende Ansicht des Fabrikinspektors Dr. Schuler, Quellenangabe No. 8, Jahrg. 88/89, S. 3.

Frau und Kind und Abneigung gegen das Fabrikleben. Wahrlich Gründe genug, die uns die merkwürdige Erscheinung, dass die Fabrik von der Hausindustrie überflügelt wurde, erklärlich machen.

Dieser Umwandlung war eine ähnliche, statistisch leider von Anfang an nicht zu verfolgende innerhalb der Fabrik selbst vorausgegangen. Ursprünglich eine Industrie in grossen Betrieben — ich erinnere, dass 1856 Fabriken mit über 100 Maschinen bestanden — wurde die Maschinenstickerei seit dem amerikanischen Bürgerkrieg mehr und mehr auch in kleineren Etablissements gepflegt. Freilich die grossen Fabriken blieben bestehen, sie lösten sich nicht in die kleineren Betriebe auf, wie dies später gegenüber der Hausindustrie geschah, aber die Vermehrung der Maschinen geschah zum grossen Teil doch nur durch neu errichtete Fabriken, deren Maschinenzahl nicht über zwanzig hinausging. Es sah eben jeder Kleinkapitalist, der die Bedenken der Grossfabrikanten aus Unkenntnis nicht teilte, die beste Anlage seines Kapitals in der Aufstellung von Stickmaschinen. Das Fabrikgesetz hat dieser Entwicklung Einhalt gethan, von 1880—1890 ist sich die Zahl der Maschinen, die in Fabriken mit 3—7 Stühlen aufgestellt sind, gleich geblieben.[1]

Parallel mit der Entstehung der Kleinbetriebe und der Hausindustrie und meiner Überzeugung nach durch diese Entwicklung hervorgerufen vollzog sich auch eine Umwandlung in der Stellung der grösseren Fabrikanten, die wir schon kurz gestreift haben. Im Anfang hatte der Fabrikant — abgesehen von einigen wenigen, die direkt exportierten — vorwiegend das „Platzgeschäft“ betrieben, er hatte „auf eigene Muster“ gestickt[2], das heisst, er beherrschte die Fabrikation

---

[1] Über ihr Verhältnis zur Gesamtzahl vergl. S. 22, Anm. 1.

[2] Dieses „Platzgeschäft“ hat Sombart Anlass zu dem Missverständnis gegeben, als bestände eine Art handwerksmässigen Betriebs in der Stickerei, der Kundenarbeit besorge; vergl. Quellenangabe 34. Das ist aber nicht der Fall, wenn es auch in ganz seltenen Fällen einmal vorkommen dürfte, dass ein Sticker ein einzelnes Kleid und dergl. auf Bestellung für einen Privaten stickt.

in so fern vollständig, als er derjenige war, der den Rohstoff lieferte und neue Ideen in die Muster und Genres brachte. Er legte dem Exporteur in St. Gallen seine Muster vor, und dieser gab danach seine Aufträge, ohne sich um die Fabrikation in irgend einer Weise zu bekümmern. Mit Musterzeichnern, Zwirnereien und Webereien hatte der Kaufmann nichts zu thun. Im Lauf der 70er und 80er Jahre hat sich das vollständig geändert. Mit dem Aufkommen der kleinen Betriebe, vor allem aber der Heimarbeiter, die bald unter Umgehung des Fabrikanten direkt oder durch Vermittlung des Ferggers in den Dienst der Kaufleute traten, wurden letztere veranlasst, alle die Hülfsarbeiten der Fabrikation, die nicht lediglich das Sticken betrafen, selbst in die Hand zu nehmen. Sie mussten jetzt selbst für neue Muster sorgen und Gewebe und Stickgarn einkaufen. Es lag nun aber sehr nahe, diese Praxis, zu der sie durch die Hausindustrie genötigt waren, auch auf die Fabrikanten, die für sie arbeiteten, auszudehnen. Denn es erwuchsen keine grösseren Spesen, ob sie nur mit einem Teil ihrer Beauftragten oder mit allen in einen derartigen Verkehr traten, andrerseits aber war natürlich ihr Gewinn desto grösser, je weniger selbständig der Fabrikant ihnen gegenüber stand. So kam es, dass auch dieser mehr und mehr Lohnsticker wurde, oder, wie man auch sagt, „auf Stich“, „in Façon“ arbeitete, dass er also das Muster und sehr oft das Material vom Kaufmann empfing[1]. Die Entwicklung, die Ende der 60er Jahre anfing, können wir leider erst seit 1872 statistisch verfolgen:

1872 waren 56% aller Maschinen im Dienste von Lohnstickern
1876 „ 60% „ „ „ „ „ „
1880 „ 70% „ „ „ „ „ „
1890 „ 91,5% „ „ „ „ „ „

Die Zahl wird nicht viel günstiger, wenn man die Einzelsticker hierbei ganz ausscheidet und nur die Maschinen

[1] Er wurde also vom Kaufmann genau so „verlegt“, um mit Bücher zu reden, wie der Hausindustrielle, wir finden an ihm dieselben Merkmale, die man in neuerer Zeit als das Charakteristikum der Hausindustrie gefunden zu haben glaubte.

in den Fabriken berücksichtigt. Von sämtlichen in den Fabriken beschäftigten Stickstühlen standen 1872 im Dienste von Lohnstickern 53,5%; im Jahre 1890 waren es schon 77,55% geworden.

Bei diesen Zahlen sind zu denen, die auf „eigene Muster" sticken, alle die hinzu gerechnet, die zeitweilig auch „auf Stich" arbeiten. Hätte man diese zu den Lohnstickern gerechnet, so würden letztere 1890 94,5% aller Maschinen besessen haben.

Auch ein Teil der Musterzeichner und Vergrösserer hat mit dieser Umgestaltung seine Freiheit eingebüsst. Während sie früher vollständig auf eigene Rechnung für den Fabrikanten arbeiteten, sind sie jetzt mehr und mehr zu Angestellten der Kaufleute herabgesunken.

Wir haben gesehen, welch' tiefen Einfluss das Aufkommen der Heimarbeit auf alle Klassen der Industrie ausgeübt hat, wir haben aber noch nicht betrachtet, was das für ökonomische Folgen für die betreffenden Kreise hatte. Deutlich zeigen sich diese seit 1882, seit welchem Jahre die Hausindustrie auch numerisch der Fabrik überlegen ist. Freilich sind die üblen Erscheinungen seit jener Zeit nicht alle der Hausindustrie als solcher zuzuschreiben, sie ist aber indirekt dafür verantwortlich, weil sie allein es war, die die Überproduktion, in welcher die schwersten Übelstände ihren Grund haben, hervorgerufen hat. Einer Fabrikindustrie wäre schon deswegen eine solche explosionsartige Ausdehnung unmöglich gewesen, weil man in der kurzen Zeit die notwendigen Gebäude gar nicht hätte beschaffen können, ganz abgesehen von der grösseren Vorsicht, die die Fabrikanten bei der Vergrösserung ihrer Betriebe hätten walten lassen.

Es wird sich nun niemand der Einsicht verschliessen können, dass die geschilderte Entwicklung im allgemeinen **keiner** Gruppe Nutzen gebracht hat. Die Fabrikanten hätten vielleicht einige Vorteile gehabt, wenn die Heimarbeiter nur Arbeit von ihnen bezogen hätten. Dann hätten sie gegen die Forderung ihrer Fabrikarbeiter die Einzelsticker ausspielen können, hätten einen Stamm guter Arbeiter in ihrer Fabrik gehabt und Bestellungen über ihre Kräfte hinaus ausserhalb ihres Etablissements ausführen lassen. Sie wären so in guten Zeiten eines schönen Unternehmergewinns sicher gewesen, hätten sich bei schlechtem Geschäftsgang wegen ihres in der Industrie angelegten Kapitals nicht zu viel Sorgen zu machen gebraucht und würden so die Vorzüge der Fabrik, Promptheit und Exaktheit, mit denen der Heimarbeit, geringem Risiko, verbunden gehabt haben. Aber die Dinge gingen einen anderen Weg. Die Einzelsticker stellten sich auch dem Kaufmann in St. Gallen zur Verfügung, und die Fabrikanten blieben in ihrer Mehrzahl auf den Gewinn aus ihrer Fabrik beschränkt. Der fiel nun sehr mager aus, denn die Heimarbeiter machten mit ihrer Billigkeit den noch bestehenden Anlagen eine solche Konkurrenz, dass die Fabrikanten so gut wie nichts verdienten und ein allgemeiner Krach in der Fabrikindustrie befürchtet wurde.

Aber auch den Hausindustriellen selbst ging es keineswegs gut. Infolge ihrer grossen Zahl drückten sie so auf die Preise, dass sie auch bei ausgedehntester Arbeitszeit und rücksichtslosester Heranziehung von Weib und Kindern nur ein sehr bescheidenes Auskommen hatten.

Ebenso war der grössere Teil der Kaufleute mit den Verhältnissen unzufrieden, denn es fehlte ihnen an einer sicheren Grundlage für die Preisnormierung der Waren. Hatte der Exporteur heute zu irgend welchen Preisen Lieferungen vereinbart, brachte in acht Tagen ein anderer dieselben zu viel besseren Bedingungen unter. Es begann ein Spekulationsgeschäft schlimmster Art, zu dem sich wohl Firmen, die nichts zu verlieren hatten, nicht aber alte Häuser, die im soliden Handel gross geworden waren, hingezogen fühlen konnten. Die ganze Industrie ging nach der Ansicht aller einer bangen Zukunft entgegen.

Am ersten machte sich eine Reaktion gegen diese Verhältnisse bei den Einzelstickern geltend. Sie, die von der Hand in den Mund lebten, empfanden naturgemäss den Druck der Thatsachen am ersten und um so mehr, als viele Firmen den ihnen durch die gesunkenen Preise entgehenden Gewinn durch allerlei Tricks und Kniffe aus dem Arbeiter heraus zu schlagen suchten. Es fanden infolge dessen von seiten der Hausindustriellen 1884 Versammlungen statt, in denen in leidenschaftlicher Weise eine Organisation gegenüber der Kaufmannschaft gefordert wurde. Indessen kam man bald zu der Einsicht, dass eine einseitige Vereinigung mit der Spitze gegen die Kaufleute nicht prosperieren würde, man trat mit dieser mächtigen Gruppe in Unterhandlung, deren Folge war, dass im Juli 1885 der „Centralverband der Stickerei-Industrie der Ostschweiz und des Vorarlbergs“ gegründet wurde. Der Verband, dem ich an anderer Stelle ein besonderes Kapitel widme[1], bezweckte mit einer zunftähnlichen Organisation „einerseits der Überproduktion in der Stickerei-Industrie vorzubeugen, andererseits bessere Lohnverhältnisse zu erzielen und im allgemeinen durch zweckdienliche Massnahmen an der Hebung der Stickerei-Industrie und Erhaltung derselben auf gesunder Basis mitzuarbeiten“. Wie er diese Absicht zu erreichen suchte, und wie ihm das glückte, das soll später gezeigt werden. Hier ist nur zu konstatieren, dass er die Bedeutung, die er während der 80er Jahre unbestritten hatte, seit 1892 vollständig verloren hat und jetzt eigentlich nur zum Schein von einem kleinen Häuflein aufrecht erhalten wird. So lange die Krisis der Stickerei-Industrie nur durch die Produzenten selbst, nämlich durch die planlose Maschinenaufstellung, hervorgerufen war, hat er sicher teilweise seinen Zweck erfüllt, sobald aber zu der inneren Krisis noch eine äussere kam, versagte er. Dieser Schlag von aussen geschah aber 1891, indem sich die Mode von den Stickereien etwas abwandte. Namentlich war dies in Amerika der Fall, wo ausserdem noch die 1890 in Kraft getretene Mc. Kinley Bill mit ihrer Erhöhung des Zolls um 20 % des Werts den Begehr verringert haben mag. Eine weit heftigere, voraussichtlich aber nur vorübergehende Einbusse erlitt die Maschinenstickerei durch die grosse Krisis, die

[1] Vergl. S. 109 ff.

seit Ende 1893 dem amerikanischen Markt jegliche Kaufkraft genommen zu haben scheint. Die Ausfuhr nach den Vereinigten Staaten ist 1891 und 92 um je zehn Millionen gefallen, das Jahr 1894 wird aber mit noch viel schwärzeren Lettern in der Geschichte der Maschinenstickerei verzeichnet sein.

---

III. KAPITEL.

# ARBEITGEBER UND ARBEITVERMITTLER.

Der eigentliche Arbeitgeber, auch für die Mehrzahl der Fabrikanten, ist, wie wir bereits wissen, der Kaufmann, der Exporteur. Nur in seltenen Fällen verkehrt dieser direkt mit dem Einzelsticker, meist bedient er sich hierbei der sogenannten Fergger, die über das ganze Gebiet zerstreut in den Dörfern wohnen. Hie und da schiebt sich zwischen den letzteren und den Arbeitgeber noch der Fabrikant, so dass dann zwischen dem Arbeitgeber, dem Exporteur, und dem Arbeitnehmer, dem Einzelsticker, zwei Vermittler, Fabrikant und Fergger, stehen.

Der Marktort ist mit geringen Ausnahmen die Stadt St. Gallen. Aus allen Gegenden der Nordostschweiz und des Vorarlbergs finden sich dort Mittwochs und Sonnabends die Fabrikanten, Fergger, sowie jene, allerdings nicht zahlreichen Einzelsticker zusammen, die ohne Vermittlung von Zwischenpersonen im Verkehr mit den Kaufleuten stehen. Nächst der Unionsbank, deren Stickereibörsenhalle sich in Anbetracht ihrer Grösse und Eleganz einer gerade zu auffallend geringen Benutzung erfreut, entwickelt sich da auf offener Strasse ein bewegtes Treiben, an dessen grösserer oder geringerer Lebhaftigkeit der Gang des Geschäftes unschwer zu erkennen ist. Sind umfangreiche und eilige

Aufträge eingelaufen, so ist die Kaufmannschaft nahezu vollzählig zur Stelle, denn sie muss sich beeilen ihre Ordres zu plazieren; in den häufigeren stillen Zeiten hingegen spielt sich die Warenübernahme zum grossen Teil auch in den Bureaus der Kaufleute ab, deren Wartezimmer dann oft die Zahl der Harrenden kaum zu fassen vermögen.

Abgesehen von den wenigen Fabrikanten, die das Platzgeschäft betreiben, empfängt jeder, der einen Auftrag erhalten hat, den zu bestickenden Stoff, den Stickboden und, sofern der Kaufmann nicht den Einkauf des Garns freilässt, auch letzteres vom Kaufhaus nach seiner Heimat gesandt[1]. Während aber der Stickboden, dessen Wert allerdings gegenüber dem des Garnes und vor allem gegenüber dem Arbeitslohn kaum in Betracht kommt, Eigentum des Kaufmanns bleibt, ist der Arbeitnehmer in der Regel gehalten, das Garn vom Kaufhaus käuflich zu erwerben. Nur bei Spezialitäten, die mit Seiden-, Stroh- oder Metallfaden gestickt werden, ist der Kaufmann während aller Phasen der Produktion Eigentümer von sämtlichem Rohstoff.

Ganz ähnlich wie sich in St. Gallen der Geschäftsverkehr zwischen Kaufmann und Fergger vollzieht, findet nun im heimatlichen Dorf die Arbeitsausgabe von dem Fergger an den Einzelsticker statt. Bei gutem Geschäftsgang muss ersterer oft die Leute in ihren teilweise entfernt liegenden Häusern aufsuchen, in schlechten Zeiten aber ist seine Wohnung noch mehr umlagert als die des Exporteurs in St. Gallen. Dasselbe Feilschen um den Preis dann hier wie dort, nur ist der Fergger, verglichen mit dem Exporteur, dabei im Vorteil. Denn während es in St. Gallen viele Kaufleute giebt, existieren hier im Dorfe nur ein, höchstens zwei Fergger[2], denen die Entfernung der einzelnen

---

[1] Es wird ihm dies per Post franko zugeschickt, wie auch er seinerseits die Kosten der Rücksendung trägt. — Zwischen der Schweiz und dem Voralberg besteht hierfür ein zollfreier Veredlungsverkehr. Die Waren werden beim Übergang über die Grenze abgestempelt und ihre Identität beim Rückgang kontrolliert. Ausser einer zu stellenden Kaution erwachsen hieraus keine Kosten.

[2] In 192 Gemeinden der Kantone St. Gallen, Appenzell und

Orte von einander bis zu einem gewissen Grad eine Monopolstellung verleiht.

Sehen wir uns einmal die Klassen, die dem Hausindustriellen die Arbeit geben und vermitteln, etwas näher an, wir werden dadurch am besten das Mass der Abhängigkeit des Letzteren erkennen.

Wie schon kurz gestreift, befinden sich die Bureaus der Kaufleute grösstenteils in der Stadt St. Gallen. Es sind dies ungefähr 80%; 10—15% der Firmen sind in dem Appenzeller Hauptdorf Herisau ansässig, und der Rest ist über das Land verstreut.[1]

Verglichen mit der Kaufmannschaft anderer Hausindustrien zeigt die unsere wenig Charakteristisches. Der grosse Unterschied in dem Geschäftsgebaren alter und junger Firmen, wie er anderwärts beobachtet wurde, ist auch hier unverkennbar. Während erstere mit der Stickereiindustrie gross geworden, meist von Schweizern geleitet sind, die ein Interesse an ihrer Heimat und ein warmes Herz für ihre Arbeitnehmer haben und dadurch die Fehler, die nun einmal einer hausindustriellen Kaufmannschaft anhaften, möglichst mildern, haben die leider nicht seltenen jungen Firmen, deren ausländische Namen schon die fremde Nationalität ihrer Chefs verraten, nur das Bestreben, in kurzer Zeit „ein grosses Vermögen zu machen“.[2] In der Wahl der Mittel hierzu machen sie sich nicht allzu grosse Skrupel. Am schlimmsten sind dabei die kleinen, nicht kapitalkräftigen Häuser, die sich durch Billigkeit möglichst schnell den Absatz ihrer Artikel erobern müssen und so beständig auf die Löhne drücken, ganz gegen den Willen der alten Geschäfte,

---

Thurgau waren 1890 insgesamt 352 Fergger ansässig; vergl. Quellenangabe 17.

[1] Vergl. Quellenangabe No. 12. Jahrg. 1891. No. 23.

[2] Vergl. hierzu auch Quellenangabe No. 10, Jahrg. 1879 S. 4. „Überhaupt geht das Streben einzelner Häuser unverkennbar dahin, sich in keiner Weise in ein festes bleibendes Verhältnis zu unserem Platz einzulassen, sondern sich absichtlich so einzurichten, dass sie jeden Augenblick die Zelte wieder abbrechen und sich ohne jede nachteilige Einwirkung für sich selbst wieder von der vorübergehenden Grundlage ihrer geschäftlichen Existenz loslösen können.“

in deren Interesse ein derartiger Preisdruck ja gar nicht liegt.

Deutlich wird uns den Antagonismus zwischen alten und jungen Firmen die Geschichte des „Centralverbands der Stickerei-Industrie" zeigen, wo wir sehen werden, wie die Interessen der alten Häuser diese für arbeiterfreundliche Massnahmen geneigt machten, während die jungen Geschäfte fast regelmässig opponierten, weil sie für sich nur Nachteile in den getroffenen Einrichtungen und Verordnungen erblicken konnten.[1] Auch die Berichte des kaufmännischen Direktoriums, in dem die Meinung der alten Firmen überwiegt, lassen diesen Gegensatz erkennen, so wenn es heisst: „Die Einzelsticker fallen in schlimmen Zeiten am leichtesten schlimmen Ausbeutern anheim, lassen sich in guten Zeiten ohne Rücksicht auf bleibende Verhältnisse von jeder übernommenen Verpflichtung abwendig machen und tragen so am meisten zur Unsicherheit des Geschäftes bei."[2] Wer nur ein bisschen zwischen den Zeilen zu lesen versteht, merkt, dass hier ausser gegen die Einzelsticker auch gegen gewisse Firmen ein herber Tadel ausgesprochen ist. An anderer Stelle[3] spricht der gleiche Verfasser von dem „gewaltthätigen Charakter", den in letzter Zeit der Geschäftsbetrieb infolge Einnistens der Amerikaner in St. Gallen angenommen habe.

Auch bei den grossen und alten Exporthäusern, die sich übrigens nicht selten noch mit dem Vertrieb anderer Erzeugnisse des ostschweizerischen Textilgewerbes befassen, ist der Zusammenhang mit der Industrie ein äusserst geringer. Nur wenige haben eigene Maschinen, und dann beschränkt sich mit geringen Ausnahmen der Besitz nur auf eine kleine Zahl. Das Bleichen und Appretieren der bestickten Ware geschieht eben so wenig in eigenen Etablissements der Kaufleute, sondern wird gegen Lohn von vollständig selbständigen Fabrikanten besorgt. Nur die Musterzeichner, die die Dessins entwerfen, sind häufig An-

[1] Vergl. S. 127 u. 132.

[2] Quellenangabe No. 10, Jahrg. 1877 S. 19.

[3] Quellenangabe No. 2, S. 168.

gestellte des Kaufmanns, und viele, aber bei weitem nicht alle Firmen machen in den ihnen gehörigen Ausrüstereien die Ware zum Versand fertig. Aber das ist auch alles, und so bestehen die festgelegten Kapitalien allein in den Räumlichkeiten für die Ausrüsterei und für das Lager, sowie in den Bureaus für die Zeichner und die kaufmännischen Angestellten. Das Produkt ist zu jeder Zeit Eigentum des Exporteurs, die Produktionsmittel im engeren Sinne fast nie. Man staunt, wie bei der Mannigfaltigkeit der Technik die Kaufleute, die doch den ganzen Apparat in letzter Linie in Bewegung setzen, sich eine solche Beweglichkeit zu bewahren gewusst haben. Unter diesen Umständen aber hat es nichts Überraschendes, dass der oft angeführte Ausspruch des Thüringer Spielwarenhändlers: „Mir gilt es gleich, ob ich mit Spielwaren oder mit Guano handle" eine prächtige Illustration in St. Gallen gefunden hat. Einige Firmen, die sich in guten Zeiten etabliert hatten, liquidierten freiwillig, als das Geschäft nicht mehr den früheren hohen Gewinn abwarf. Die Angestellten wurden entlassen, die Gebäude verkauft, und man war ohne Verlust frei.[1] Neben der Leichtigkeit und Kostenlosigkeit der Auflösung wirkte hierbei — allerdings nur sekundär — noch ein anderes Moment mit. Es war das fast gänzliche Fehlen einer persönlichen Berührung mit den eigentlichen Produzenten. Von den wenigen Einzelstickern abgesehen, die direkt mit einem Kaufhaus in Verbindung stehen, ist ja sowohl der Fabrik- als der Einzelsticker dem Exporteur gänzlich unbekannt und demselben um so gleichgültiger, je weniger dieser durch nationale Motive oder infolge langen Zusammenhangs mit der Industrie ein dauerndes Interesse an ihr nimmt.

So wenig der Kaufherr den Arbeiter kennt, so wenig scheint er in die Details der gewiss nicht schwierigen Technik eingedrungen zu sein: als bei der Gründung des grossen Centralverbands die Sticker unter anderen Klagen auch die vorbrachten, dass gewisse Stiche bei der Lohnzahlung nicht in Anrechnung kämen, da erklärten die Kaufleute, sie seien

[1] Vergl. hierzu auch Anmerkung 2 auf Seite 39.

zur Abhülfe gern bereit, sie hätten aber bis jetzt von diesem Übelstande gar keine Ahnung gehabt.[1]

Trotzdem wäre es falsch zu glauben, dass nun etwa ein grosser Kapitalbesitz und kaufmännische Routine einen Exporteur der Stickerei seine Stellung völlig ausfüllen liessen. Freilich ohne viel Umlaufsmittel ist das Geschäft schon von vorne herein in seiner Entwicklung gehemmt. Amerika, der Hauptabnehmer, bezahlt frühestens mit 100 Tage-Wechseln nach Empfang der Ware bei 6—7% Skonto, viele Käufer aber rechnen unter Verzichtung auf den Rabatt erst nach sechs Monaten ab, und diese werden keineswegs unter die schlechten gerechnet. Erwägt man, dass der Kaufmann einen Teil der Ware schon ein paar Monate vor ihrem Abgang bezahlt hat, so ist unschwer einzusehen, dass selbst kleine Krisen Häuser mit geringem finanziellen Rückhalte sehr gefährden müssen. Dazu kommt noch, dass auch der nicht spekulierende Kaufmann gezwungen ist, von gewissen kouranten Artikeln nicht unbedeutende Posten auf Lager zu halten, um etwaige Bestellungen auf solche Stapelware rasch befriedigen zu können. Man braucht noch gar nicht an die möglicher Weise eintretende Entwertung solcher Lager zu denken, um zu begreifen, dass damit an die Kapitalkraft der Kaufhäuser grosse Anforderungen gestellt werden.

Auch kaufmännische Routine, namentlich Vorsicht mit weitem Blick gepaart, ist bei dem weitverzweigten St. Gallener Geschäft, das ja fast buchstäblich nach allen Ländern der Erde geht, von grösster Bedeutung. Manche Fabrikanten, die ohne genügende kaufmännische Bildung leichtfertig den Export selbst in die Hand nahmen, haben solche Verluste erlitten, dass sie bald auf ihre Unabhängigkeit verzichten mussten.

Kapital und kaufmännisches Geschick müssen nun aber — wenigstens bei grossen Häusern — ergänzt werden durch guten Geschmack und eine gewisse künstlerische Bildung. Denn die Eigenschaft eines grossen Teils der Stickereien als eines Bestandteils der feineren Konfektion

---

[1] Vergl. Quellenangabe No. 13, 2. Jahrg. S. 24 und Quellenangabe No. 12, Jahrg. 1886. No. 15.

zwingt im Anschluss an die Mode stets neue Muster zu bringen. Da heisst es erfinderisch sein und der aus Paris gegebenen Direktive sofort folgen.

Was der Kaufmann im grossen ist, das ist im kleinen der Fergger, der meist noch ein Nebengewerbe, wie geringen Ackerbau, häufiger eine Bierwirtschaft, betreibt. Bei der oft sehr grossen Entfernung des Wohnorts der Arbeiter von St. Gallen ist er ein nur schwer zu umgehendes Glied in der Arbeitsteilung, und er könnte ein sehr nützliches sein, wenn sein Egoismus geringer, seine Fachkenntnis grösser wäre. Auf einen grossen Teil dieses Standes passt eben leider die kurze Charakteristik jenes Bregenzer Wäldlers: „Der Fergger ist ein notwendiges Übel".

Er ist nicht etwa Angestellter des Kaufmanns; so wenig er für ein Haus allein beschäftigt ist, so wenig besorgt er die Warenvermittlung für eine festgesetzte Provision[1]. Welchem Arbeiter er die Ware übergiebt und zu welchem Preise, das ist seine Sache. Er übernimmt nur die Bestellung unter Festsetzung eines bestimmten Lohns und der Lieferzeit, und an ihn hält sich der Kaufmann, sobald sich Anstände wegen mangelhafter oder verspätet gelieferter Arbeit ergeben. Es liegt nahe, hierin ein Risiko des Ferggers zu erblicken; da nicht er, sondern der Kaufmann den Abzug macht und zwar in der Regel erst, nachdem der Arbeiter vom Fergger bezahlt ist, so könnte durch eingetretene Zahlungsunfähigkeit, Tod oder Wegzug des Stickers der Verlust den Fergger treffen. Praktisch scheint der Fall nur äusserst selten einzutreten, mir ist jedenfalls trotz ausdrücklicher Anfrage bei Ferggern kein einziger bekannt geworden.[2] Andrerseits ist mir allerdings von Verlusten durch Fallissements unsolider oder schlecht fundierter Kaufhäuser berichtet worden, denen die Fergger

---

[1] Zu Zeiten des Centralverbands war allerdings seine Stellung eine andere; vgl. S. 123.

[2] Rechtlich würde der bereits entlohnte Arbeiter überhaupt nicht gezwungen werden können, den Abzug anzuerkennen, aber die thatsächlichen Verhältnisse schützen hier den Fergger besser als alles Recht vor dem Verlust.

zu vertrauensvoll Kredit gewährt hatten. Doch haben derartige Zahlungseinstellungen mit Schädigungen der Gläubiger im allgemeinen bis jetzt nur vereinzelt stattgefunden. So scheint mir ein Arbeiter, den ich über dieses Ferggerkommissionsgeschäft befragte, mit seiner Antwort: „Ja, das ist ein glänzendes“ gar nicht Unrecht zu haben. Eine Stube, zur Hälfte Lagerraum für die abgelieferten Stickereien, die andere Hälfte mit einem Schreibpult möbliert, das sind die festgelegten Werte, eine schöne Handschrift, die vier Species, ein klein wenig Buchführung, dies die nicht einmal unbedingt notwendigen Eigenschaften eines Ferggers. Mancher, der nicht die Zeit oder die Kenntnisse hat, lässt die Schreibereien durch einen Angestellteu besorgen, während er selbst sich auf den persönlichen Verkehr mit den Kaufleuten an den Markttagen Mittwochs und Sonnabends beschränkt.

Ungezwungen kann man den Ferggerstand in zwei Klassen teilen, in solche, die aus Stickern hervorgegangen sind und solche, die früher ein anderes Gewerbe betrieben haben. Die Bedeutung dieses Unterschieds liegt auf der Hand. Wer früher Metzger oder Schuster war, wird schwer die Qualität einer Stickerei beurteilen können. Kein Abzug, den der Kaufmann macht, stösst bei ihm auf Widerstand, weiss er doch nicht, ob derselbe nicht etwa zu hoch, oder vielleicht ganz ungerechtfertigt ist. Und wenn er sich ja einmal darüber klar ist, so wagt er nicht zu protestieren, aus Furcht, das Kaufhaus zu verlieren, das ja jeden Tag einen Fergger mit solch' geringer Fachbildung wieder erhalten kann. Seine Thätigkeit hört nur da auf eine rein maschinelle zu sein, wo es gilt, den eignen Beutel zu füllen. Wenn der Abzug auf die vom Arbeiter vor Monaten abgelieferte Ware vom Kaufhaus endlich festgesetzt wird, dann ist es gerade keine Seltenheit, dass der Fergger die Summe noch etwas nach oben abrundet.

Auch dem Kaufmann ist an solch unfähigen Leuten wenig gelegen. Nicht nur, dass sie Ware übernehmen, die die für sie arbeitenden Sticker nie korrekt ausführen können, fehlt ihnen auch jede Schätzung, welche Zeit zu der Fertigstellung der Arbeit nötig ist. Blindlings werden da die in St. Gallen verlangten Lieferfristen acceptiert, die einzuhalten ihnen schlechterdings unmöglich ist. Wie peinlich dies dem Kaufhaus sein muss, dessen Ruf bei Nichteinhaltung der seinen Abnehmern versprochenen Termine nicht wenig leidet, ist leicht zu verstehen. Vermittler wie die geschilderten haben viel dazu beigetragen, dass Arbeitnehmer und -geber ein total falsches Bild von einander haben, und dass der Gegensatz zwischen beiden immer grösser wird.

Dass der aus Stickerkreisen hervorgegangene Fergger vor seinem technisch ungebildeten Kollegen auch rein menschliche Vorzüge hat, habe ich oft behaupten hören. Jedenfalls bietet er Kaufmann wie Einzelsticker viel mehr die Gewähr eines anstandslosen Geschäftsverkehrs. Er kennt die Leistungsfähigkeit der Arbeiter, verteilt danach seine Aufträge und verhütet so, soviel er kann, dass der Kaufmann schlechte Ware, der Sticker Abzüge erhält. Er ist auch für die Erziehung eines tüchtigen Arbeiterstandes gar nicht zu unterschätzen. Wie ihm daran liegt, mit möglichst hübscher Ware und prompter Lieferzeit seine Besteller zu bedienen, so ist er natürlich bemüht, nur solche Arbeiter zu beschäftigen und heranzubilden, die Verständnis für schöne Arbeit und für die Wichtigkeit rechtzeitiger Fertigstellung übernommener Aufträge haben. Dies kann man allenthalben beobachten. In Gegenden, wo gute Fergger sind, wohnt auch die Elite der Sticker, und umgekehrt beschäftigen kenntnislose Fergger nie tüchtige Arbeiter. Man sehe sich einmal die Fergger und Sticker in Vorarlberg an. Der dortige Sticker gilt als der schlechteste im ganzen Gebiet, und dazu hat neben vielem anderen ganz unzweifelhaft die staunenswerte Ignoranz der Fergger jener Gegend beigetragen.[1] Sehr häufig Wirte, haben sie, wie auch aus ihren Gesprächen hervorgeht, nicht das geringste Verständnis für die Stickerei und suchen auch gar nicht, sich solches zu erwerben. Im Gegenteil prahlen sie wohl noch gar, „nie ein Bändli gestickt zu haben“.

[1] Es giebt übrigens auch dort sehr rühmenswerte Ausnahmen.

Dass der Ferggerstand im allgemeinen nicht selten durch den Besitz einer oder mehrerer Maschinen, die entweder durch Lohnsticker betrieben werden oder verpachtet sind, mit der Industrie enger verknüpft ist, erscheint nicht als ein Vorteil. Durch solchen Besitz ist es ihm allerdings schwerer gemacht, sein Geschäft aufzugeben oder seinen Wohnort zu wechseln, aber was beim Kaufherrn eine Gefahr ist, das ist es nicht beim Fergger. Die Anforderungen, die an einen guten Fergger geistig und ökonomisch gestellt werden, lassen ihn in jedem Dorf nicht allzu schwer ersetzbar erscheinen. Andrerseits aber rechtfertigt die Thatsache des Maschinenbesitzes durchaus die Befürchtung, dass in stillen Zeiten der Fergger die ihm gehörigen Maschinen vor den anderen bei der Arbeitsausgabe bevorzugt.

Wo das Kaufhaus den Arbeiter nicht zwingt, Garn von ihm durch Vermittlung des Ferggers zu nehmen, da übt oft der letztere diesen Zwang für seine Rechnung aus. Grosse Übervorteilungen sind mir hierbei gegenwärtig nicht zu Ohren gekommen, man merkt in diesem Punkt, wie fast überall, noch die segensreiche Wirkung des Centralverbands. Vor zehn Jahren aber, wo auch das heute wohl ganz verschwundene Trucksystem noch hie und da beobachtet wurde, sind Betrügereien im Garnhandel nicht selten gewesen, und leider ist jetzt, wo der Verband gefallen und die Zeiten so schlecht sind, ihre Wiederkehr nur eine Frage der Zeit.

Dass übrigens die Bäume des Ferggerstandes nicht in den Himmel wachsen, dafür sorgen einmal der Umstand, dass man ohne seine Vermittlung mit dem Kaufherrn arbeiten kann und auch arbeitet, und ferner die an einigen Orten in neuerer Zeit entstandenen und entstehenden Ferggereigenossenschaften, von denen später die Rede sein wird.

IV. KAPITEL.

# DER EINZELSTICKER ALS MASCHINENBESITZER, ARBEITGEBER UND ROHSTOFFLIEFERANT.

Als ich im Anfang meiner Untersuchungen einen Führer der ostschweizerischen Sozialdemokratie über die hausindustriellen Sticker befragte, da wurde mir unter anderem die Antwort: „Diese Einzelsticker sind eine ganz besondere Rasse“. Ich kann nicht sagen, dass ich später grosse Besonderheiten an ihnen gefunden hätte, namentlich nicht, worauf hauptsächlich der Ausspruch zielte, in intellektueller Beziehung. Eine dumpfe Gleichgültigkeit ist nirgends zu sehen, und dass das Verständnis der Hausindustriellen für wirtschaftliche Fragen dem der Fabriksticker nicht nachsteht, das beweist doch wohl der grosse Verband und namentlich die Geschichte seiner Entstehung. Besonderheiten sind allerdings in anderen Punkten vorhanden, die die ökonomische Lage, trotzdem sich diese von Jahr zu Jahr verschlechtert, noch immer über die der meisten deutschen Hausindustriellen heben. Aber sie liegen nicht da, wo man sie zuerst sucht.

Drei Umstände sind nämlich geeignet, bei dem oberflächlichen Beobachter den Glauben zu erwecken, als beeinflussten sie im günstigen Sinne den Verdienst und die ganze Stellung des Einzelstickers: der Besitz eines so wertvollen Werkzeugs, wie es die Plattstichstickmaschine ist, ferner der allerdings etwas seltenere Fall, dass der Einzelsticker eine fremde Person zur Fädlerin hat, dass er also gewissermassen als Arbeitgeber dasteht, der einen Preisdruck überwälzen könnte, und schliesslich die freilich nur hie und da gewährte Freiheit, dass er den Rohstoff, das Garn, einkaufen kann, wo er will.

Sehen wir einmal zu, welchen Einfluss diese Thatsachen in Wirklichkeit haben.

Wie schon früher ausgeführt, ist weitaus die Mehrzahl der Maschinen Eigentum der Arbeiter, während der kleinere, immerhin nicht unbedeutende Teil der Maschinen von dem Sticker gepachtet ist.

Der Erwerb der Maschine datiert meist aus der Entwicklungsperiode der Industrie, aus den 70er und den ersten 80er Jahren, aus der guten, von grösseren Krisen nicht nachhaltig unterbrochenen Zeit. Damals, wo die Nachfrage nach Stickereien das Angebot fast fortdauernd überstieg, da war allerdings der Besitz des Werkzeugs ein Vorteil, da konnte der Arbeiter noch die Preise stellen und an dem Unternehmergewinn, von dem er jetzt nichts mehr weiss, partizipieren. Dieses Plus, was der Einzelsticker nach Abzug aller Spesen gegenüber dem Fabriksticker hatte, betrug nach Wartmann um die Mitte der 70er Jahre noch 7 cents per 100 Stich, oder — ich rechne niedrig — fr. 1.40 per Tag. Trotzdem nun infolge dieser Verhältnisse der Erwerb der Maschine keine Verschuldung hervorgerufen hat — hie und da kommt sie natürlich vor —, der Sticker also in dieser Beziehung unter nicht ungünstigen Bedingungen arbeitet, so ist heutzutage doch dieser Besitz von keinem Vorteil, wohl aber meiner Ansicht nach oft von nachteiligen Folgen begleitet. Und wie es jetzt ist, so wird es in aller Zukunft sein. Denn jene günstigen Zeiten fallen in die Entwicklungsjahre der Industrie, wo die Schweiz neben dem viel unbedeutenderen Sachsen eine Monopolstellung einnahm, wo der Sticker einen Seltenheitswert besass und der Markt willig den Preis zahlte, den man in St. Gallen diktierte. Heute aber stehen gegenüber der Mitte der 70er Jahre in der Schweiz fast das Doppelte der Maschinen, Sachsen ist mächtiger geworden, in Österreich, Frankreich und Amerika wird unser Industriezweig gepflegt, allenthalben sehen wir eine entwickelte Schutzzollpolitik, und die Mode begünstigt die Stickereien nicht mehr wie früher. Falls nicht eine grosse Zahl der in diesem Gewerbe Beschäftigten dasselbe aufgiebt, so ist. selbst wenn sich die Mode unserer Industrie wieder geneigt zeigen sollte, nicht daran zu denken, dass der selbständige, eigenes Werkzeug besitzende Arbeiter wieder einen Einfluss auf die Preise gewinnen kann. Und auch dann, wenn diese starke Reduktion an Arbeitskräften stattfände, wäre das noch fraglich. Denn die Sticker, die der Industrie den Rücken gekehrt, würden eine Reservearmee bilden, die bei einer nennenswerten Steigerung der Löhne sofort bereit zur Rückkehr in den früheren Beruf wäre, eben dadurch aber sogleich den Lohn wieder zum Sinken brächte.

Wie aber die Verhältnisse in der Gegenwart liegen, wo seit mehreren Jahren Arbeitsmangel herrscht, der im allgemeinen den selbständigen Hausindustriellen eher trifft als den unselbständigen Heimarbeiter oder den Fabriksticker, da erscheint der Besitz der Maschine eher von Nachteil als von Nutzen. Dass sie ihren Eigentümer an die Scholle fesselt, will ich kaum erwähnen, denn dies wird bei der angeborenen und durch äussere Verhältnisse noch genährten Sesshaftigkeit der in Frage kommenden Gesellschaftsschicht nicht oder nur wenig empfunden. Wohl aber fällt ins Gewicht, dass der Arbeiter, wenn anders er richtig rechnet, Zins für Lokal und Maschine in Anschlag bringen muss, sowie dass letztere, auch wenn sie still steht, einiger Pflege bedarf. Dies sind unrentable Ausgaben, die sich in jetziger Zeit bei vielen Stickern nur zu oft wiederholen.

Trotzdem ist nicht zu verkennen, dass der Hausindustrielle einen solchen Besitz erstrebt. Er ist dann eben — wenigstens seiner Einbildung nach — sein eigener Herr, und seine Freude als Hausbesitzer, der er meistens ist, wird nicht dadurch getrübt, dass etwas in seinen vier Pfählen steht, was nicht sein Eigentum ist. Dieser Wunsch, im Hause unumschränkter Gebieter zu sein, ist so stark, dass der Sticker mit der Befriedigung desselben das in der Maschine festgelegte Kapital als verzinst betrachtet. Arbeiter, die gut kalkulierten, sagten mir wiederholt: „das in Lokal und Maschine steckende Geld rechnen wir einfach nicht.“

Wir haben den Besitz der Maschine bis jetzt unter der schweigenden Annahme beleuchtet, dass bei der noch vorkommenden Form des Pachtverhältnisses der Arbeiter nicht ausgesogen wird. Wäre dies der Fall, dann würde allerdings gar kein Zweifel bestehen, dass der Besitz der Maschine als Eigentum auch heute noch grosse Vorteile böte. Bis auf einen einzigen Fall beuten aber alle mir bekannt gewordenen Pachtverträge die Arbeiter nicht aus, und die Klagen, die von letzteren auch in dieser Beziehung laut geworden sind, sind zum grössten Teil ungerechtfertigt. Der Grund für die kaum erwartete Thatsache, dass in dem Pachtverhältnis der Sticker ganz unabhängig bleibt, liegt zum Teil darin, dass der Maschinenbesitzer mit der Stickerei meist in gar keinem weiteren Zusammenhang steht, also auch den Arbeiter nicht zwingt, von ihm allein Arbeit zu nehmen, zum Teil in der leichten Möglichkeit, in den Besitz einer Maschine zu gelangen. Im Anfang waren es die uns schon bekannten günstigen Bedingungen der Maschinenfabriken und der Stickfabrikanten, jetzt ist es der billigere Preis überhaupt, der es dem Arbeiter nicht allzuschwer macht, sich eine Maschine anzuschaffen.

Die Formen der Pacht bieten in ihrer Mannigfaltigkeit Interesse genug, sie einzeln aufzuführen.

Der einfachste, nicht sehr häufige Pachtvertrag ist der, dass sich derselbe nur auf die Maschine erstreckt.

Weit häufiger ist der Gebrauch, dass der Arbeiter neben der Maschine auch das Lokal und die Wohnung von ein und demselben Besitzer, der im übrigen der Stickerei gewöhnlich ganz fern steht, mietet.

Nicht selten pachtet auch der Sticker Lokal, Maschine, Heizung und Beleuchtung, aber nicht die Wohnung. Der Verpächter, der hie und da Fergger oder kleiner Fabrikant, häufiger aber keins von beiden ist, stellt in einem Lokal ein, zwei und da, wo das Fabrikgesetz nicht streng beobachtet wird, auch mehr Maschinen auf, auf denen nun die einzelnen

Hausindustriellen meist nicht für Rechnung des Maschinenverpächters, sondern im Auftrage dritter Personen arbeiten. Da wo der Maschinenbesitzer Fabrikant oder Fergger ist, hat dieser Modus in einzelnen Gegenden — ich habe es nur in Appenzell A. Rh. und Zürich angetroffen — eine logische Weiterbildung in dem Sinne gefunden, dass die Pacht ganz verschwindet, dass von einem Arbeitgeber, in dessen ausschliesslichem Dienst der Sticker steht, alles: Maschine, Lokal, Heizung, Beleuchtung und auch das nötige Garn geliefert wird.

Man ist anfangs im Zweifel, ob man in den beiden letzteren Fällen, namentlich aber im letzten noch einen Hausindustriellen vor sich hat. Hat derselbe doch dadurch, dass er nicht mehr „bei sich" beschäftigt ist, stark den Charakter eines Fabrikarbeiters bekommen. Aber es sind doch Heimarbeiter mit wenn nicht allen, so doch vielen Eigentümlichkeiten derselben. Die Nähe ihrer Wohnung — manchmal wohnen sie im ersten Stock des Hauses, in dem die Maschinen stehen — erlaubt ihnen, Frau und Kinder zur Arbeit heranzuziehen, kein Gesetz beschränkt sie in ihrer Arbeitszeit oder der Verwendung kindlicher Hülfskräfte, und keine Fabrikordnung bindet sie. Sie können zu spät kommen, können pausieren, wann sie wollen und bis zu einem gewissen Grad auch, so lange sie wollen. Der Besitzer weiss wohl, dass ihnen ja ihr eigenes Interesse verbietet, von ihrer Freiheit zu ausgedehnten Gebrauch zu machen.

Bei all den bis jetzt besprochenen Verschiedenheiten in Bezug auf den Besitz der Maschine habe ich einen nennenswerten Unterschied in der Höhe des Verdienstes der Leute nicht konstatieren können. Ist derselbe auch etwas grösser bei dem, der eine Maschine sein eigen nennt, so trifft diesen andrerseits doch die arbeitslose Zeit härter als die beiden anderen Klassen. Der Maschinenpächter kündigt in einer grösseren Krisis den Pachtvertrag, und gar der reine Lohnsticker, der durch die Stellung seines Arbeitgebers überhaupt am letzten unter den Hausindustriellen arbeitslos wird, kann ja eine andere Einbusse als seinen Arbeitslohn gar nicht erleiden.

Was den für die Maschine gezahlten Pachtpreis anlangt, so ist er bei den verschiedenen Pachtverhältnissen stets der gleiche, nur nach der Güte der Maschine schwankt er zwischen 150 und 200 Fr. jährlich. Bei der Besprechung der Löhne werden wir des näheren sehen, dass hier, wenn auch der Preis nicht billig ist, von einer Ausbeutung des Arbeiters nicht gesprochen werden kann. Wohl aber ist eine solche vorhanden bei der merkwürdigen Pachtberechnung, die wir jetzt betrachten wollen. Sie wurde von einem Vorarlberger Kaufmann in ausgedehnter Weise namentlich gegenüber den von der übrigen Welt abgeschlossenen Bewohnern des Lechthales angewandt. Derselbe berechnete den Pachtpreis nach der Zahl der gemachten Stiche, und zwar liess er sich 8 cents für 100 Stich bezahlen. Rechnet man, was aber zu niedrig ist, eine Arbeitsleistung von 2000 Stich pro Tag, so ergiebt sich per Jahr $8 \times 20 \times 300 = 480$ Fr. Pachtzins. Und dieser für ein schlechtes Werkzeug gezahlte Preis war noch zugestanden von dem Centralkomitee des Verbands. Wie häufig mag er im Geheimen gesteigert worden sein!

Betrachten wir nun, ob und wie die Notwendigkeit der Unterstützung durch eine Fädlerin auf die Lage des Stickers wirkt. Natürlich kommt für uns nur der Fall in Frage, wo die Fädlerin eine fremde Person ist, der der Sticker als Arbeitgeber gegenübersteht. Der doktrinäre Standpunkt, der in der Verwendung von Familienmitgliedern einen Segen sah, ist ja längst widerlegt und bedarf hier keiner Erörterung.

Die Zeiten, wo die Mehrzahl der Sticker fremde Fädlerinnen hatte, sind allerdings vorbei, viele Hausindustrielle sind heute gezwungen, Familienangehörige beim Fädeln zu verwenden.[1] Nur die ganz guten Sticker, oder solche,

[1] Es ist interessant zu sehen, wie sich die Verhältnisse von 1880—1890 geändert haben. Es waren in der Fädlerei beschäftigt

| im Jahre 1880 | ledig | verheiratet | Kinder v. 14—16 Jahren männl. | weiblich |
|---|---|---|---|---|
| St. Gallen . . . | 6055 | 1522 | 186 | 373 |
| Appenzell . . . . | 1252 | 502 | 398 | 588 |
| Thurgau . . . | 1642 | 251 | 58 | 106 |

welche noch einen etwas grösseren landwirtschaftlichen Besitz haben, beschäftigen fremde Personen.

Gewöhnlich steht die Fädlerin zu dem Sticker in einem reinen Lohnverhältnis mit vierzehntägiger Zahlung des Tagelohns und gleicher Kündigungsfrist, weit seltener hat sie Kost und Logis mit entsprechender Lohnkürzung im Hause ihres Arbeitgebers. Dann verrichtet sie wohl auch andere Arbeiten, besonders da, wo noch nebenher ein landwirtschaftlicher Betrieb besteht. Ist da der Sticker auf dem Felde thätig, so stickt sie — im Rheinthal habe ich oft diese jungen kräftigen Gestalten die Maschine treiben sehen — während die Kinder des Stickers fädeln, bisweilen aber steht im Sommer die Maschine ganz still, und alles ist in der Landwirtschaft beschäftigt. — Man irrt nicht, wenn man die Abnahme fremder Fädlerinnen auf den Umstand zurückführt, dass der Rückgang der dem Sticker gezahlten Löhne den Tagelohn der Fädlerin nicht in entsprechender Weise reduzieren konnte. So tief stehen im Durchschnitt die Löhne der Sticker nicht, dass diese nicht noch etwas von denselben an eine Hülfsperson abgeben könnten, sie sind nur nicht so hoch, um die Verminderung um den jetzigen Fädlerlohn leicht ertragen zu können. Dass letzterer aber trotz des sonstigen Angebots weiblicher Arbeitskräfte auf dem Arbeitsmarkt und trotz der Konkurrenz der Angehörigen des Stickers nicht sinkt, liegt in der Beschäftigung selbst begründet. Wir

---

| 1890 aber | ledig | verheiratet | Kinder v. 14—16 Jahren männl. | weiblich |
|---|---|---|---|---|
| St. Gallen . . . . | 5326 | 3220 | 645 | 1486 |
| Appenzell . . . . | 1164 | 892 | 413 | 709 |
| Thurgau . . . . | 2010 | 939 | 149 | 474. |

Es verhielten sich also in den drei Kantonen die verheirateten Fädlerinnen zu den ledigen über 16 Jahre alten

1880 wie 3 : 12
1890 aber „ 3 : 5,

während sich das Verhältnis der Kinder von 14—16 Jahren zu den Fädlerinnen, die über 16 Jahre waren, stellte

1880 wie 1 : 6,5
1890 „ 1 : 4.

Vergl. Quellenangabe No. 17.

haben früher schon gesehen, dass nicht nur flink gefädelt werden muss, sondern dass auch peinliche Aufmerksamkeit der Fädlerin zu einer sauberen und genauen Arbeit unumgänglich nötig ist. Da nun nicht jede Person solche Eigenschaften hat, findet ein übermässiges Angebot nicht statt, und der Sticker kann auch keinen Lohndruck ausüben.

Der selbständige und freie Einkauf des Garns brauchte der Seltenheit seines Vorkommens wegen auf seine Folgen eigentlich nicht untersucht zu werden. Aber er hat insofern Anspruch auf Berücksichtigung, als er thatsächlich von den Arbeitern nicht als das erstrebenswerte Ziel angesehen wird, als welches man ihn theoretisch hinzustellen geneigt ist. Nun ist ja allerdings gar kein Zweifel, dass es für den Arbeiter vorteilhafter ist, das Garn zu kaufen, wo er will, anstatt es von dem Kaufmann bzw. Fergger käuflich übernehmen zu müssen. Wir haben ja die Möglichkeit von Betrügereien hierbei schon erwähnt.[1]

Aber der Arbeiter würde es am liebsten sehen, wenn er, wie den Stickboden und den Stickfaden bei Spezialitäten, so auch das Garn vom Kaufmann zur Bearbeitung geliefert bekäme, ohne dass es in sein Eigentum überginge. Sowohl das Centralkomitee des Verbandes[2] als zahlreiche Stimmen aus Einzelstickerkreisen haben dieser Meinung Ausdruck gegeben. Einmal ist nämlich der Arbeiter bei der Verschiedenheit der Garnnummern gar nicht in der Lage, durch Erwerb grösserer Posten billiger einzukaufen als im Detail, denn ein derartiges Lager der gebräuchlichen Sorten würde ihm teurer zu stehen kommen, als wenn er beim Zwirner oder Krämer für den jedesmaligen Bedarf kauft. Für den Grobsticker ist aber noch ein anderer Grund vorhanden zu wünschen, dass ihm das Garn, ohne dass er es erwirbt, nur zur Verarbeitung geliefert werde. Gerade er braucht das meiste Garn, und da er am wenigsten zu kalkulieren versteht, so setzt er bei der Übernahme der Ware zu wenig

---

[1] Namentlich wurde auch früher von einigen Firmen die Unsitte geübt, den Arbeitnehmern Garn über den Bedarf hinaus aufzudrängen; vergl. Quellenangabe No. 12, Jahrg. 91, No. 48.

[2] Vergl. Quellenangabe No. 12, Jahrg. 1892 No. 15.

Auslagen für Garn an und nimmt den Auftrag oft zu einem Preis entgegen, dessen geringe Höhe ihm erst zu spät klar wird. Hier hat einmal der Arbeiter das richtige Gefühl, dass grössere Unabhängigkeit noch nicht auch Nutzen zu bringen braucht.

Damit sind die Thatsachen erschöpft, die entgegen ihrem Schein den Sticker in ökonomischer Hinsicht nicht kräftigen, und wir können nunmehr dazu übergehen zu schildern, was wirklich von Einfluss auf die Lebensweise unserer Hausindustriellen ist.

V. KAPITEL.

# LÖHNE, ARBEITSZEIT UND ARBEITSRAUM.

In Böhmerts „Arbeiterverhältnissen und Fabrikeinrichtungen der Schweiz" [1] legt ein Fabrikant das nicht ganz einfache Wesen der Löhne sehr schön folgendermassen dar: „Die Sticker werden nach Massgabe der Quantität und Qualität ihrer Arbeitsleistung bezahlt. Als Massgabe für die Quantität dient die Zahl der Stiche. Modifiziert wird dieser Massstab a. durch den Feinheitsgrad des Garns, b. durch die Art der Muster, welche langstichig und kurzstichig sein können, also den Garnverbrauch beeinflussen und mehr oder weniger häufiges neues Einfädeln bedingen, c. durch den Rapport der Maschine. — Die Qualität der Arbeit wird vom Fabrikanten (bei dem Hausindustriellen vom Kaufmann) taxiert, als Massstab dient ihm die Summe, welche für die Ausbesserung der Sticketen an die Nachstickerin bezahlt werden muss, ferner der Grad der Übereinstimmung der Stickerei mit dem Musterdessin. Bei der Lohnauszahlung figuriert das negative Resultat der Taxierung als Abzug; positiv ist das Resultat, wenn nach der Quantität bezahlt werden kann." Soweit der Fabrikant. Es wird also Stücklohn gezahlt, und dieser ist, was in obiger Ausführung schärfer hervortreten könnte, ein Bruttolohn. Er wird berechnet nach der Anzahl der auf dem Musterkarton eingezeichneten Stiche. Als Einheit werden zu Grunde gelegt 100 Stich; der Preis dafür wird durch die oben näher

[1] Vgl. Bd. II S. 24.

bezeichneten drei Nebenumstände bedingt. Je feiner das Garn, desto grössere Auslagen hat der Sticker, desto mehr erhält er also auch bezahlt; je gröber d. h. langstichiger das Muster, desto grösserer Fadenverbrauch und häufigeres Einfädeln, desto mehr Anstrengung den starken Faden durch den groben Stickboden zu ziehen', desto höher also auch hier der Lohn — wenigstens scheinbar. In Wirklichkeit ist im letzteren Falle die Differenz der Preise nicht entsprechend dem grösseren Zeitaufwand und Materialverbrauch, mit anderen Worten: die feinen künstlicheren Muster werden besser bezahlt als die groben, der geübte Sticker besser als der ungeübte. Diese an sich selbstverständliche Thatsache liegt bei der Eigentümlichkeit der Lohnzahlung, die man sich immer vor Augen halten muss, etwas versteckt. Der Einfluss des Rapportes ist nicht schwer zu ermessen, wenn man nur erwägt, dass nicht etwa die auf dem Stickboden überhaupt gestickten Stiche, sondern die auf dem Musterkarton aufgezeichneten gezählt werden. Da muss natürlich der Rapport, von dem die grössere oder geringere Anzahl von stickenden Nadeln abhängt, von Wichtigkeit werden. Ist er breiter, sticken also weniger Nadeln zu gleicher Zeit, so ist einmal der Kraftaufwand zum Antrieb der Maschine geringer, vor allem aber wird weniger Garn gebraucht und weniger oft eingefädelt. Der Lohn ist also hier niedriger als bei engem Rapport.

Die Angaben des Fabrikanten, die ich hier des näheren erläutert habe, beziehen sich indes nur auf die landläufigen Dessins; besonders feine Muster, namentlich aber die Specialitäten, die äusserst exakte Maschinen und Arbeit verlangen, werden wesentlich höher gelohnt als die gewöhnlichen Stickereien. Zu erwähnen bleibt ferner noch, dass der Preis auch etwas bedingt ist durch die geringere oder weitere Entfernung des Wohnorts des Arbeiters vom Centrum. In grösserer Nähe von St. Gallen ist er um 1 cent, manchmal auch um 2 cents höher als an der Peripherie.

Die Bezahlung „nach der Qualität“, wie der Fabrikant sich ausdrückt, tritt bei mangelhafter Arbeit ein und äussert sich in Abzügen, Retourwaren und Nachstickbelastungen.

Von den ersteren beiden wird freilich der gute Arbeiter kaum betroffen, desto schwerer aber lasten sie auf dem mittleren und schlechten, also auf der Mehrzahl der Sticker. Kämen indes Abzüge und Retournierungen nur bei schlechter Arbeit vor, wären sie nur ein Ausdruck des durch die Fehler des Arbeiters hervorgerufenen Minderwertes der Ware, oder stellten sie den Verlust dar, der durch verspätete Lieferung dem Kaufhaus entsteht, so wären nicht viel Worte darüber zu verlieren. Kein Arbeiterfreund könnte etwas dagegen einwenden. Aber leider wird die Sache in der Praxis von vielen Firmen anders betrieben. Sind wirklich Fehler vorhanden, so werden Abzüge gemacht, die in gar keinem Verhältnis zu den Mängeln stehen, und sehr oft wird, trotzdem an der Ware kaum etwas auszusetzen, sie jedenfalls nicht unterwertig ist, der Sticker mit starken Abzügen belastet. Mit Recht wird auch darüber geklagt, dass der Sticker für Fehler verantwortlich gemacht wird, die gar nicht durch seine Schuld verursacht sind. So, wenn er infolge der von unreellen Zwirnereien falsch und willkürlich vorgenommenen Numerierung der Garne wohl die vorgeschriebene, aber eben deswegen falsche Nummer gewählt hat, so auch, wenn seine Stickerei dem Muster, dessen kleine Details manchmal aus der Zeichnung nicht genau zu ersehen sind, nicht völlig entspricht. Beide Fehler, namentlich der letztere, könnten durch den Arbeitgeber, dem sie natürlich so wenig wie dem Sticker direkt in die Schuhe zu schieben sind, vermieden werden. Er brauchte nur ein Stück des Fadens und einen kleinen Streifen des gestickten Musters mit dem Auftrag hinauszugeben.

Die verschiedensten Jahrgänge der „Stickerei-Industrie" wimmeln geradezu von Klagen über das Abzugswesen, das nach dort aufgestellten Behauptungen den Arbeiter manchmal um die Hälfte seines Lohnes bringt. Ein so ungerechtes Verfahren ist natürlich nur dem schlechten Sticker gegenüber anwendbar, der die Qualität seiner Arbeit nicht richtig beurteilen kann, und der ausserdem, was am meisten ins Gewicht fällt, leicht zu ersetzen ist. Bleibt nämlich ein von solchem Gebaren betroffener Arbeiter weg, so ist das dem Geschäft ziemlich gleichgültig, es findet eine Masse andere, die bereit sind, an dessen Stelle zu treten.

Den Weg des Civilprozesses zu gehen, scheut sich natürlich der Arbeiter schon der Langwierigkeit und der Kosten wegen, hauptsächlich aber aus begründeter Furcht, das Geschäftshaus zu verlieren. Die Akten des Verbands reden eine deutliche Sprache, welche Erbitterung das Abzugswesen in den Arbeiterkreisen hervorgerufen hat. Mit herbem Spott bemerkten wohl damals die Delegierten der von ungerechten und willkürlichen Lohnkürzungen am meisten betroffenen Vorarlberger Sticker, wenn sie bei ihrer Einfahrt in St. Gallen die malerisch an den Berghängen liegenden Villen und prächtigen Geschäftshäuser erblickten: „Seht, da hängen unsere Abzugszettel!“ Wie schwer das Unwesen gerade von dieser Seite empfunden wurde, das zeigt auch der anfängliche Zulauf zu der im Jahre 1892 gegründeten „Vorarlberger Stickereigenossenschaft“. Dieselbe zahlt äusserst niedrige Löhne, aber sie macht keine Abzüge. Das erklärt ihre Beliebtheit. Der Arbeiter weiss hier wenigstens, dass das, was er bei der Ablöhnung erhält, auch wirklich sein eigen ist. Da, wo Abzüge herrschen, weiss er das nie, da es mehrere Monate dauern kann, bis der Abzug zu seiner Kenntnis kommt. Je nach den Fristen, in denen das Kaufhaus mit dem Fergger abrechnet,[1] ist der Termin länger oder kürzer. Je länger er aber ist, desto härter wirkt die Kürzung. Man kann sich unschwer vorstellen, wie störend diese Verhältnisse das ganze Leben des Stickers beeinflussen müssen.

Die Retourwaren sind potenzierte Abzüge. Hier wird dem Arbeiter nicht nur der ganze, bereits gezahlte Lohn wieder abgezogen, sondern selbstverständlich wird er auch noch mit dem Wert des Stickbodens belastet, wobei nicht selten noch ein kleiner Vorteil für das Kaufhaus oder den Fergger herausspringt.[2] Jüdische Aufkäufer, die, wie sie

[1] Manchmal beträgt diese Frist 8–9, sogar 12 Wochen; vergl. Quellenangabe No. 12, Jahrg. 1886 No. 35, ebenda Jahrg. 1889, No. 50.

[2] Es ist vorgekommen, dass der Arbeiter den doppelten Wert des Stickets vergüten musste; vergl. Quellenang. No. 12, Jahrg. 1889, No. 18.

in ihren zahlreichen Annoncen bemerken, „die höchsten Preise zahlen“, sorgen dann dafür, dass der Betroffene mit einem Spottgeld die Mühe seiner Arbeit gelohnt bekommt.

Während Abzüge und Retournierungen den guten Arbeiter so gut wie nie treffen, da ihnen eben fast immer Fehler, wenn auch oft nur unbedeutende, zu Grunde liegen, die in den meisten Fällen vermieden werden könnten, ist es mit Nachstickbelastungen eine andere Sache. Es können auch dem guten Sticker kleine Fehler unterlaufen, die dann mit der Hand nachgebessert werden müssen; so z. B. wenn das Reissen eines Fadens nicht sofort gemerkt wird. Sofern nun nicht Familienangehörige des Stickers diese Ausbesserung besorgen, lässt sie das Geschäft durch im Tagelohn bezahlte Arbeiterinnen ausführen. Da für diese demnach kein Grund vorliegt, besonders schnell zu arbeiten, so erreichen die Nachstickrechnungen bei nachlässigen Stickern oft eine bedeutende Höhe. Auch hier wird aber von den Arbeitern fortwährend über Ungerechtigkeiten von seiten gewisser Firmen geklagt. So beschweren sich die Arbeitnehmer darüber, dass für Waren, die schon nachgestickt nach St. Gallen geliefert werden, nochmals hohe Nachstickrechnungen vom Kaufhaus einlaufen. Manchmal scheint freilich der Grund für diese Klagen nicht ganz stichhaltig zu sein, indem die geringe qualitative Leistungsfähigkeit der ersten Nachstickerin in der That zu einer nochmaligen Ausbesserung zwingt

Wenn wir nun versuchen wollen den Nettoverdienst eines Stickers zu ermitteln, so scheiden wir von vornherein eine geschichtliche Betrachtung der Löhne aus. Dieselbe könnte auf Grund des vorhandenen Materials nur ungenau vorgenommen werden und müsste sich darauf beschränken, den während der verschiedenen Zeitperioden für die Einheit von 100 Stich gezahlten Stücklohn zu registrieren. Wir sehen davon ab,[1] für uns genügt es zu wissen, dass in der ersten Hälfte der 70er Jahre im Durchschnitt der Sticklohn fast das Doppelte des heutigen betrug.

[1] Wer sich dafür interessiert, den verweise ich auf das Diagramm bei Wartmann. Quellenangabe No. 2, S. 184.

Der Nettoverdienst eines Stickers hängt selbstverständlich von der durch Fädlerin und Maschine beeinflussten Leistungsfähigkeit des Arbeiters ab, und unter diesem Gesichtspunkt teilt man ganz allgemein in der Nordostschweiz die Sticker in drei Klassen, in Fein-, mittlere und Grobsticker. Selbstverständlich ist diese Klassifikation nicht überall nach denselben Grundsätzen durchgeführt; so wird der, welcher in Voralberg für einen mittleren Sticker gehalten wird, in Appenzell unter die Grobsticker gezählt, und wer in Flawil als mittlerer Sticker gilt, den rechnet man in Werdenberg zu den Feinstickern.

Ich nehme die Einteilung vom Standpunkt der besseren Arbeiter, wie sie in den Stammsitzen der Industrie gemacht wird.

Kommt man nun zu einem Arbeiter mit der Frage: „Wieviel verdienen Sie im Jahr?“ so erhält man immer eine unbefriedigende Antwort, deren Ungenauigkeit ihre Ursache in der fehlenden Buchführung der Leute hat. Sie berücksichtigt fast ausnahmslos nur den Tagesverdienst, der dann mit 300 multipliziert als das Einkommen des Jahres hingestellt wird. Ich führe verschiedene solche Angaben von mittleren Stickern an.

| | | |
|---|---|---|
| A. Bruttoverdienst . . . . . . . . . . . | | 6,00 Fr. |
| Davon geht ab: | | |
| Fädlerin . . . . . . . . . | 1,50 | |
| Maschinenreparatur, Verzinsung, Amortisation . . . . . . . | 0,50 | |
| Heizung . . . . . . . . . | 0,10 | |
| Maschinenöl, Wachs, Beleuchtung, Nadeln, Seifenwasser . | 0,10 | |
| Garn . . . . . . . . . . . . | 1,20 | |
| Nachsticken . . . . . . . . | 0,15 | |
| Lokalzins . . . . . . . . . | 0,10 | |
| | | 3,65 „ |
| Nettoverdienst | | 2,35 Fr. |

B. 2400 Stich zu 28 cents per 100.

| | | |
|---|---|---|
| Bruttoverdienst . . . . . . . . . . | | 6,72 Fr. |
| Auslagen: | | |
| Fädlerlohn . . . . . . . . . | 1,50 | |
| Maschinenöl, Wachs, Seifenwasser, Nadeln, Heizung und Beleuchtung . . . . . . | 0,20 | |
| Nachsticken . . . . . . . . | 0,20 | |
| Reparaturen . . . . . . . . | 0,10 | |
| Amortisation (5 % von 1000 Fr.) | 0,17 | |
| Verzinsung (4½ %) . . . . | 0,15 | |
| Garn . . . . . . . . . . . | 1,00 | |
| Lokalzins . . . . . . . . . | 0,10 | |
| | | 3,42 „ |
| Nettoverdienst | | 3,30 Fr. |

C. 2100 Stich zu 29 cents.

| | | |
|---|---|---|
| Bruttoverdienst . . . . . . . . . . | | 6,09 Fr. |
| ab: | | |
| Fädlerin . . . . . . . . . | 1,50 | |
| Garn . . . . . . . . . . . | 1,00 | |
| Heizung, Beleuchtung etc. . . . | 0,30 | |
| Amortisation und Verzinsung . | 0,30 | |
| Lokalzins . . . . . . . . . | 0,10 | |
| Nachsticken . . . . . . . . | 0,15 | |
| | | 3,35 „ |
| Nettoverdienst | | 2,74 Fr. |

D. hat die Berechnung gleich auf ein Jahr gemacht, ohne dass sie deshalb genauer wäre. 2700 Stich × 300 Arbeitstagen = 810 000 Stich. 27 cents per 100 St.

| | |
|---|---|
| 8100 × 27 = Bruttoverdienst . . . . | 2187 Fr. |
| In Abrechnung kommt: | |
| zu übertragen | 2187 Fr. |

| | | |
|---|---|---|
| | Übertrag | 2187 Fr. |
| Fädlerlohn . . . . . . . . | 450 | |
| Garn, Wachs, Maschinenöl, Petroleum, Seifenwasser, Nadeln, Nachsticken . . . | 350 | |
| Maschinenreparaturen, Maschinenzins, Amortisation . | 150 | |
| | | 950 „ |
| | Nettoverdienst | 1237 Fr. |

oder per Tag 4,12 Fr.

Dies die Angaben für mittlere Sticker; nach derselben Berechnungsart wurde mir der Netto-Verdienst eines Feinstickers auf 4—5 Fr., der eines Grobstickers auf 2—2,50 Fr. angegeben.

Betrachtet man die einzelnen Angaben näher, so findet man, dass über die nötigen Auslagen ziemliche Übereinstimmung herrscht. Diese Unkosten scheinen mir richtig veranschlagt zu sein. Der Schweizer Fabrikinspektor des III. Kreises giebt sie für eine Fabrik, auf 100 Stich reduziert, folgendermassen an:[1]

| | |
|---|---|
| Heizung, Beleuchtung, Schmieröl, Nadeln, Seifenwasser, Wachs . . . . . . . . | 1,80 cents |
| Garn . . . . . . . . . . . . . . . . | 6,00 „ |
| Nachsticken . . . . . . . . . . . . | 1,00 „ |
| Haus- und Maschinenzins . . . . . . . . | 0,44 „[2] |
| | 9,24 cents |

per 100 Stich.

| | |
|---|---|
| Also per Tag berechnet auf 2000 Stich mindestens | Fr. 1,85 |
| Dazu kommt nun noch die Fädlerin . . . . | „ 1,50 |
| macht tägliche Unkosten | Fr. 3,35 |

Im Gegensatz zu den Angaben über die nötigen Auslagen schwanken die über die täglichen Stichleistungen sehr stark. Von den angeführten Berechnungen gehen drei darauf ein, jede ist anders geschätzt, und die Extreme differieren um 600 Stich, oder in Geld umgesetzt, um einen Netto-

[1] Vergl. Quellenangabe No. 8, Jahrg. 1884/85 S. 110.
[2] Hierbei scheint ein Irrtum unterlaufen zu sein.

betrag von Fr. 1,15. Und doch sind alle Angaben für mittlere Sticker und für die gleiche Arbeitszeit von 11 Stunden gemacht. Das Auffälligste ist dabei, dass mir die höchste Ziffer von einem kundigen und sehr glaubwürdigen Manne aus einem Teil der Schweiz angegeben wurde, wo notorisch keineswegs gute Sticker wohnen. Zur besseren Beleuchtung dieser Frage führe ich die wohl auf Grund von ziemlich umfangreichem Material aufgestellten Angaben, die ich in der Litteratur gefunden habe, an.

| | | |
|---|---|---|
| Sturzenegger nimmt | 2000 | Stich |
| Dr. Wartmann | 2000—2500 | „ |
| Dr. Schuler | 2000—2200 | „ |
| Nüsperli | 2500 | „ |

an. Also auch hier eine Differenz von 500 Stich.[1]

Erscheint es schon nach dem, was wir bis jetzt gesehen haben, schwer, auf diesem Wege sich ein genaues Bild von dem jährlichen Verdienst eines Stickers zu machen, so wird die Schwierigkeit noch vergrössert durch die Ungewissheit über die Zahl der jährlichen Arbeitstage. Einmal ist der Ausfall von Arbeitszeit durch öffentliche Leistungen zu berücksichtigen, da in so demokratisch regierten Kantonen wie St. Gallen, Thurgau und vor allem Appenzell der einzelne oft durch die verschiedensten Ehrenämter der Arbeit auf mehr oder weniger Stunden entzogen wird. Es liegt auf der Hand, dass derartige Tage dann nicht selten ganz verloren sind. Auch sind die häufigen militärischen Einziehungen, wie sie das Milizsystem mit sich bringt, und für den katholischen Teil der Sticker die aussersonntäglichen katholischen Feiertage oft der Grund für längere und kürzere Pausen. Ob die stets angeführte Zahl von 300 Arbeitstagen im Jahr der Wirklichkeit entspricht, fragt sich daher um so mehr, als — gegenwärtig wenigstens — grosse und kleine Krisen die Regelmässigkeit der Beschäftigung sehr beeinträchtigen.

Zwei wichtige Einflüsse aber finden in den obigen

---

[1] Vergl. hierzu ferner die differierenden Angaben in Quellenangabe No. 27 Seite 96.

Angaben gar keinen Ausdruck: Das Schwanken des Stichlohns und die Abzüge bezw. Retourwaren und Nachstickbelastungen.

Die Gleichmässigkeit der per 100 Stich gezahlten Löhne, die während der zweiten Hälfte der 80er Jahre durch künstliche Mittel herbeigeführt war, ist mit dem Verbande gefallen, und wenn auch jetzt nicht mehr solche Schwankungen wie in den 70er Jahren vorkommen, die Löhne sich vielmehr stets auf einer ziemlich tiefen Stufe halten, so sind doch während eines Jahres Unterschiede da, die mit einem Betrag von 50—100 Fr. das Budget des Arbeiters nicht wenig beeinflussen.

Von welch tiefem Einfluss die Abzüge u. s. w. auf den Lohn sind, haben wir schon oben des näheren auseinandergesetzt.

So lassen viele wichtige Thatsachen es wünschenswert erscheinen, eine genaue Angabe der thatsächlich in einem Jahre gezahlten Löhne zu erhalten. Die geeignetste Person, hierüber Auskunft zu geben, wäre der Arbeiter, denn er allein wäre zugleich in der Lage, die Zahl der Arbeitstage und -stunden mitzuteilen. Wie aber bereits bemerkt, führen die Arbeiter höchst selten Buch, so dass es mir bis jetzt nur in einem einzigen Fall gelungen ist, von dieser Seite Angaben, die nicht lediglich geschätzt sind, zu erhalten. Ich musste mich daher an die Arbeitgeber und Fergger wenden, die aber mit verschwindenden Ausnahmen nicht geneigt waren, mir ihre Bücher zu einer Einsichtnahme zu überlassen. Was ich ausziehen konnte, lasse ich unten folgen. Trotzdem mir in den meisten Fällen nicht genau bekannt ist, wie regelmässig der betreffende Sticker seiner Arbeit obgelegen hat, so erhält man doch ein richtigeres Bild als aus den früheren Schätzungen. Die Zahlen sind aus den Jahren 1890—92 und stammen aus allen Teilen des Gebiets. Für die nötigen Auslagen setze ich in allen Fällen, wo nicht ausdrücklich etwas anderes bemerkt wird, folgende Summen an, die ich unter der Rubrik „allgemeine Auslagen“ zusammenfasse:

| | | |
|---|---|---|
| An: | Maschinenzins, Amortisation und Reparaturen | 150 Fr. |
| „ | Lokalzins | 30 „ |
| „ | Holz | 50 „ |
| „ | Beleuchtung, Wachs, Öl etc. | 40 „ |
| „ | Fädlerin | 450 „ |
| | Summa der allgemeinen Auslagen | 720 Fr. |

1. Feinsticker.

Folgende vier Sticker, die nach der Angabe des Arbeitgebers in Bezug auf Fleiss, Solidität und Tüchtigkeit zu der Elite der Arbeiter gehören, sind Spezialitätensticker, die den Stickfaden vom Kaufmann unentgeltlich geliefert erhalten. Von ihrem Bruttoverdienst sind demnach nur Fr. 720 für allgemeine Auslagen abzuziehen. Die Zahlen stellen sich danach

| | | | | |
|---|---|---|---|---|
| Brutto | A. | 2477 Fr. | B. | 2467,50 Fr. |
| Netto | | **1757** „ | | **1747,50** „ |
| Brutto | C. | 2382 „ | D. | 2037,50 „ |
| Netto | | **1662** „ | | **1317,50** „ |

2. Mittlere Sticker.

| | | | |
|---|---|---|---|
| A. Bruttoverdienst | | | 1739,80 Fr. |
| Davon ab: | Allgemeine Auslagen | 720 | |
| | Garn | 168 | |
| | Nachsticken | 50 | |
| | | | 938,— „ |
| | | Netto | **801,80** Fr. |

| | | | |
|---|---|---|---|
| B. Bruttoverdienst | | | 2283,— Fr. |
| Ab: | Allgemeine Auslagen | 720 | |
| | Garn | 270 | |
| | Abzüge | 139 | |
| | Nachsticken | 60 | |
| | | | 1189,— „ |
| | | Netto | **1094,—** Fr. |

| | | |
|---|---|---|
| C. Bruttoverdienst . . . . . . . . . . . | | 2060,38 Fr. |
| Ab: Allgemeine Auslagen . . | 720 | |
| Garn . . . . . . . . . . | 239 | |
| Abzüge . . . . . . . . | 49 | |
| Nachsticken . . . . . . . | 60 | |
| | | 1068,00 „ |
| | Netto | 992,38 Fr. |

| | | |
|---|---|---|
| D. Bruttoverdienst . . . . . . . . . . . | | 2061,85 Fr. |
| Ab: Allgemeine Auslagen . | 720 | |
| Garn . . . . . . . . . | 230,90 | |
| Abzüge . . . . . . . | 54,25 | |
| Retourware . . . . . | 216,70 | |
| Nachsticken . . . . . | 60,00 | |
| | | 1281,85 „ |
| | Netto | 780,00 Fr. |

E. arbeitet auf der Maschine und im Lokal des Arbeitgebers, hat also für die Maschine und den Arbeitsraum keine Auslagen.

| | | |
|---|---|---|
| Bruttoverdienst . . . . . . . . . . | | 1380 Fr. |
| Ab: Fädlerin . . . . . . . . . . | 450 | |
| Nachsticken . . . . . . . . | 50 | |
| | | 500 „ |
| | Netto | 880 Fr. |

F. arbeitet gleichfalls auf fremder Maschine und wohnt in einer industriereichen Gegend des Kantons Zürich, wo die Fädlerin auf Fr. 540 zu stehen kommt.

| | | |
|---|---|---|
| Bruttoverdienst . . . . . . . . . | | 1376,21 Fr. |
| ab: | | |
| Fädlerin . . . . . . . . . . | 540, | |
| Abzüge . . . . . . . . . . | 53,60 | |
| Nachsticken . . . . . . . . | 56,00 | |
| | | 649,60 „ |
| | Netto | 726,61 Fr. |

Die folgenden Zahlen, wo nur Brutto- und Nettolohn neben einander gestellt sind, ohne die Differenz zu spezialisieren, sind einem Protokoll der Handels- und Gewerbekammer in Feldkirch entnommen. Sie betreffen nur Vorarlberger Sticker.[1]

| | | | | | |
|---|---|---|---|---|---|
| G. | Brutto | 2256 Fr. | H. | Brutto | 1950 Fr. |
| | Netto | 865 „ | | Netto | 861 „ |
| I. | Brutto | 1761 „ | K. | Brutto | 1986 „ |
| | Netto | 773 „ | | Netto | 882 „ |
| L. | Brutto | 1807 „ | M. | Brutto | 1978 „ |
| | Netto | 816 „ | | Netto | 829 „ |
| N. | Brutto | 1931 „ | O. | Brutto | 1672 „ |
| | Netto | 841 „ | | Netto | 692 „ |

Ich führe noch den Verdienst eines Schweizer Stickers an, bei dem, abgesehen von dem mir auffällig niedrig erscheinenden Lokal- und Maschinenzins, gar nichts geschätzt ist, da der Mann jede Ausgabe bucht:

| | | |
|---|---|---|
| Bruttoverdienst in 270 Arbeitstagen zu 11 Stunden . . . . . . . . . | | 1305,50 Fr. |
| ab: | | |
| Fädlerin . . . . . . . . . | 382,30 | |
| Garn . . . . . . . . . . | 141,10 | |
| Zins für Maschine und Lokal | 45,00 | |
| Maschinenöl, Nadeln . . . | 7,10 | |
| Reparaturen . . . . . . | 10,00 | |
| Heizung . . . . . . . . | 37,00 | |
| Beleuchtung . . . . . . | 11,00 | |
| Abzüge und Nachsticken . . | 54,20 | |
| Aufnähen . . . . . . . | 8,40 | |
| | | 696,10 „ |
| | Netto | 609,40 Fr. |
| | | in 270 Tagen. |

[1] Hierbei ist interessant zu sehen, dass die ersten 6 Ziffern als Verdienst von „sehr guten“ Stickern angegeben sind, während sie, verglichen mit der Allgemeinheit, sich nur wenig über den Durchschnittsverdienst eines mittleren Stickers erheben. — Die Lohnfixierung findet auch in Vorarlberg nach Schweizer Währung statt, der Lohn wird den Stickern aber in Gulden nach dem jeweiligen Tageskurs bezahlt.

Erläuternd bemerke ich, dass dieser Sticker noch Ackerbau treibt und die geringere Höhe einiger Unkosten darauf beruht, dass er den Arbeitsraum mit mehreren anderen Hausindustriellen teilt. Der niedrige Garnverbrauch erklärt sich daraus, dass er 22 Tage Spezialitäten, also mit Garn des Kaufmanns gestickt hat.

Für die Grobsticker stehen mir nur Zahlen aus dem bereits erwähnten Schriftstück der Vorarlberger Handelskammer zu Gebote. Diese sind dort als der Verdienst von mittelmässigen Stickern angegeben, dürften also dem allgemeinen Durchschnitt der Grobsticker entsprechen.[1]

| | | | | | | |
|---|---|---|---|---|---|---|
| Verdienst des | A. | Brutto | 1490 | Netto | 656 | Fr. |
| „ „ | B. | „ | 1374 | „ | 581 | „ |
| „ „ | C. | „ | 1337 | „ | 565 | „ |
| „ „ | D. | „ | 1293 | „ | 551 | „ |

Was diese Zahlen, deren Spärlichkeit wohl keiner weiteren Erklärung und Entschuldigung bedarf, bedeuten, würde wohl durch Anführung einiger Haushaltungsbudgets am klarsten werden. Da solche aber in Stickerkreisen nicht geführt werden, so wird ein Blick auf die Löhne anderer Industriezweige der Schweiz noch die beste Belehrung geben. Für diese sind mir leider nur Tagesverdienste zugänglich gewesen, so dass wir behufs eines Vergleichs unsere Löhne auf den Tag reduzieren müssen. Allerdings entsteht dadurch eine Ungenauigkeit, aber diese fällt bei der Relativität solcher Vergleiche nicht ins Gewicht. Wartmann[2] giebt für 1880 den täglichen Verdienst in der Weberei folgendermassen an: Webermeister 4,40–5,00; Weber 1,60—3,00; Zettler 2,00 –3,00; Schlichter 3,40—5,00; Färber 2,20—3,20; Appreteur 1,60 –3,00; Mechaniker 3,50—6,00; Tagelöhner 1,80—3,25 Fr. Nach dem gleichen Autor schwankt der Tagesverdienst in der Spinnerei zwischen 2,50 und 3,80 Fr., in der Bleicherei zwischen 3,00 und 4,00 Fr., in der mechanischen Weberei 1,80—3,50 Fr. und in der hausindustriellen

---

[1] Was ein schlechter Sticker in Österreich jährlich an Lohn erhält, kann ich nicht mitteilen, da sich der Berichterstatter damals scheute, die Ziffern zu veröffentlichen.

[2] Vergl. Quellenangabe No. 2, S. 127.

Beuteltuchweberei, die sehr sorgfältige Arbeiter verlangt, zwischen 3,00 und 6,00 Fr.

Betrachten wir diesen Zahlen gegenüber den Tagesverdienst der Sticker, so ergiebt sich, dass die Fein- und Spezialitätensticker mit einem Verdienst von 4,35—5,80 Fr. noch immer zu den bestgezahlten Arbeitern der Nordostschweiz gehören, die mittleren Sticker mit 2,40—4,25 Fr. hingegen ungefähr dem Durchschnitt entsprechen, und die Grobsticker mit 1,85—2,30 Fr. mit zu den schlechtest gestellten Arbeitern gerechnet werden müssen.

Nicht uninteressant dürfte bei diesen Betrachtungen sein, zu hören, dass dem Herisauer Waisenhaus ein Kind täglich auf 82,5 cents zu stehen kommt.

Was den Termin der Lohnzahlung anbetrifft, so findet die Abrechnung zwischen Fergger und Einzelsticker alle 14 Tage oder jeden Monat statt. Im letzteren Falle und da, wo noch längere Fristen bestehen, erhält der Arbeiter in kleineren Teilzahlungen Vorschüsse, die selbstverständlich die Unklarheit über den wirklichen Verdienst nur vermehren und oft zu leichtsinnigen Ausgaben verleiten.

Die Fädlerin wird, wie schon erzählt, von dem Sticker alle 14 Tage abgelohnt.

Die mir von den Arbeitern gemachten Angaben über ihren täglichen Verdienst beziehen sich auf eine Arbeitszeit von 11 Stunden. In Wirklichkeit wird gegenwärtig diese Stundenzahl im allgemeinen auch nicht, oder wenigstens nicht bedeutend überschritten. Der siebenjährige Zwang des Verbands, der auch die Hausindustriellen täglich nur 11 Stunden arbeiten liess, hat die Sticker von der guten Wirkung einer nicht zu ausgedehnten Arbeitszeit überzeugt, so dass die relativ kurze Zeit, seit der sie sich wieder frei bewegen, diese Erkenntnis noch nicht vergessen machen konnte. Es ist indessen gar keine Frage, dass bei den jetzigen Verhältnissen die Arbeitszeit bald wieder so ausgedehnt werden wird, wie sie es vor 1885 gewesen ist. Im äussersten Osten des Gebiets zeigen sich schon Anfänge davon. In Vorarlberg und auf der Schweizer Seite den

Rhein entlang laufen die Maschinen bereits wieder mindestens 12 Stunden.[1]

Aus den 70er und 80er Jahren erzählen uns die Fabrikinspektoratsberichte und Zeitungen Beispiele der schlimmsten Art über die Ausdehnung der Arbeitszeit. 15 Arbeitsstunden per Tag waren nichts Seltenes in diesem Gewerbszweig, der doch an die verschiedensten Organe des Arbeiters sehr grosse Anforderungen stellt. Da, wo ein heranwachsender Sohn oder eine kräftige Tochter in der Familie war, kam es sogar vor, dass man mit zwei Arbeiterschichten zeitweise einen kontinuierlichen Betrieb einrichtete: als Sticker fungierten Vater und Sohn bezw. Tochter, als Fädler Frau und jüngere Kinder. Und diese „ewigen Maschinen" standen nicht etwa bloss im Vorarlberg, das in der Schweiz immer als der Herd aller Übelstände angesehen wird, sie existierten auch auf der anderen Seite des Rheins, wie zahlreiche amtliche Berichte darthun.[2]

Dieses trübe Bild wird erfreulicher Weise dadurch etwas gemildert, dass bis auf den heutigen Tag die Sonntagsarbeit in der Stickerei fast ganz unbekannt geblieben ist. Man benützt höchstens hie und da ein paar Stunden dieses Tages zum Reinigen des Lokals und des Arbeitsgeräts.

Der Kinderarbeit müssen wir in Bezug auf ihre Dauer noch speciell einige Worte widmen. An sich wäre ja die Heranziehung der Kinder zur Arbeit gar nicht so zu verdammen, sie wird aber im höchsten Grade gefährlich durch die tägliche lange Dauer, die nun einmal unzertrennlich von der Heimarbeit zu sein scheint. Die vor der Zeit des Verbandes erschienenen „Berichte der Fabrikinspektoren und Kantonsregierungen über die Ausführung des Fabrikgesetzes" weisen immer wieder auf die verderbliche Ausnutzung der Kinder bei den Einzelstickern hin. „Ein traurigeres Loos"

---

[1] Dies gilt für das Jahr 1893, für 1894 dürfte es nicht zutreffen, da in diesem Jahre grosser Arbeitsmangel herrschte.

[2] Vgl. Quellenangabe No. 7 Jahrg. 1878—82. S. 74, ebenda S. 75, Jahrg. 89/90, S. 69.

heisst es dort, „als so ein Fädlerkind zu sein, kann es kaum geben; Kinder von 12, ja 9—10 Jahren schlafen in der Schule vor Ermattung ein, weil sie die ganze Nacht bis 4 oder 5 Uhr morgens fädeln mussten.“ Dr. Schuler giebt aus einigen Ortschaften, in denen Fädlerkinder ungewöhnlich häufig vorkommen sollen, folgende ganz zuverlässige Zahlen: in den Oberschulen dieser Ortschaften fädelten 22 % aller Schulkinder, und von diesen 7 % 1 Stunde, 18 % 2—3 Stunden, 21 % 4 Stunden, 36 % 5 Stunden und 18 % 7 Stunden neben der Schulzeit. Von einem Dorfe wird sogar berichtet, dass 5/6 aller Schulkinder als Fädler thätig waren, und dass man auch Kinder im vorschulpflichtigen Alter zu dieser Beschäftigung angehalten hat. Beispiele dieser Art glaube ich selbst angetroffen zu haben, wenngleich die Eltern auf meine Fragen stets ein höheres Alter angaben.

Ein Schulaufsatz eines zwölfjährigen Knaben schildert in seiner rührenden Einfachheit am besten den Lebenslauf eines solchen Kindes. Er lautet folgendermassen:

„Sobald ich am Morgen aufgestanden bin, so muss ich in den Keller hinabgehen, um zu fädeln. Es ist dann etwa 1/2 6 Uhr, dann muss ich bis 7 Uhr fädeln, und dann kann ich das Morgenessen geniessen. Nachher muss ich wieder fädeln bis es Zeit zur Schule ist. Ein Viertel vor 8 gehe ich zur Schule. Wenn diese um 11 Uhr beendigt ist, gehe ich schnell nach Hause und muss wieder fädeln bis 12 Uhr, dann kann ich das Mittagessen geniessen und muss wieder fädeln bis 1/4 vor 1 Uhr. Dann gehe ich wieder in die Schule, um viel Nützliches zu lernen. Wenn diese um 4 Uhr beendigt ist, so gehe ich wieder mit meinen Kameraden auf den Heimweg. Wenn ich heimkomme, muss ich wieder fädeln, bis es dunkel wird und dann kann ich das Abendessen geniessen. Nach dem Essen muss ich wieder fädeln bis um 10 Uhr, manchmal, wenn die Arbeit pressant ist, muss ich bis um 11 Uhr fädeln im Keller. Nachher sage ich meinen Eltern gute Nacht und gehe ins Bett. So geht es alle Tage.“

Ein ebenso altes Mädchen fügt einem gleichlautenden Bericht noch hinzu: „Ich musste auch schon bis um 4 oder 5 Uhr morgens und auch schon die ganze Nacht fädeln." [1]

Erfreulicher ist die Schilderung des Arbeitsraums. Vor vielen anderen Arbeitsstätten der Hausindustrie hat eben das Sticklokal den Vorzug grosser Ausdehnung und eines reinlichen Betriebs. Der erstere Umstand hat seinen Grund in den Raumverhältnissen der Maschine. Mit ihrer Höhe von 2,8, ihrer Breite von 3,2 und Länge von 5,6 m erfordert sie mit Berücksichtigung der nötigen schmalen Gänge einen Raum von über 50 cbm, so dass jede der beiden zur Bedienung der Maschine nötigen Personen über ein Luftquantum von mehr als 25 cbm verfügt.[2]

Den Vorteil genügender Luftmenge haben alle Lokale gemeinsam, aber sonst zeigen sie grosse Verschiedenheiten, je nachdem sie eigens zum Betrieb der Stickerei gebaut wurden oder vor der Aufstellung einer Maschine anderen Zwecken gedient haben. Um das Schlechte voraus zu nehmen, wollen wir zuerst von letzteren sprechen. Da vermag das oft zu schwache Fundament kaum die schwere Maschine zu tragen, die Lichtmenge ist ungenügend, die Decke nicht selten durchbrochen, um dem langen Hebelarme des Pantographen Raum zu schaffen. Kaum ist Platz für den schmalen Fädlertisch, der an der einen Längsseite der Maschine den schmalen Gang versperrt, mit Mühe zwängt man sich durch die andern hindurch. Mit Recht am verrufensten sind die aus früheren Webkellern hervorgegangenen Lokale, die man am häufigsten in Toggenburg, Appenzell und einigen Teilen Thurgaus findet. Die Weberei verlangt einen feuchten Raum, um den Faden, der bei den gewaltsamen Manipulationen ja leicht reissen kann, geschmeidig zu erhalten. So legte man ein Souterrainlokal

---

[1] Vergl. Conrads Jahrb. Neue Folge Bd. III, (37.) S. 596, weitere Beispiele ebenda, Neue Folge Bd. VIII, (42.), S. 160 und Bd. XIII, (47.) S. 542.

[2] Als Mindestmass wird im allgemeinen 6 cbm pro Kopf angenommen.

an, dessen Decke etwa 80 cm über der Erde, der Boden aber etwas mehr als 1 m unter derselben lag. Die Fenster reichten von knapp unter der Decke bis fast auf die Erdoberfläche und vermochten in ihrer geringen Höhe von 50 bis 60 cm den Raum nur spärlich zu erhellen.

Als der Hausindustrielle den Webstuhl mit der Stickmaschine vertauschte, war es ja, wenn auch nicht gerade das Natürlichste, so doch das Einfachste, wenn er den bis jetzt benutzten Raum beibehielt. Die Länge und Breite reichten mit einigem guten Willen aus, die nötige Höhe wurde durch ein tieferes Ausgraben und Unterbauen der Mauer gewonnen. Hie und da that man noch sein Möglichstes und hob, so fern der Boden vor dem Haus anstieg, noch etwas Erde ausserhalb der Mauern aus, um die Fenster etwas vergrössern zu können, aber das war schon eine Ausnahme.[1] So zog die Stickmaschine in einen feuchten unfreundlichen Raum, dessen schwarze Wände von dem spärlich hereinfallenden Licht zum Ueberfluss noch einen grossen Teil absorbieren.

Ganz anders die glücklicherweise häufigeren Arbeitsstätten, bei deren Erbauung man gleich auf ihren Zweck Rücksicht nahm. Entweder sind sie in das Haus eingefügt, oder als besonderer Anbau, dem der sonst gebräuchliche erste Stock fehlt, an ersteres angelehnt und direkt mit ihm verbunden. Aus Holz gebaut, die Aussenwände gedeckt mit den landesüblichen, halbkreisförmigen Tannenbrettchen, die als gute Wärmehalter gepriesen werden, machen sie mit ihren grossen und zahlreichen Fenstern, die den Zweck des Lokals schon von weitem erkennen lassen, den Eindruck eines eben so angenehmen als praktischen Arbeitsraumes. Wohlhabenheit und Freude am Schönen haben sie oft zu einem wahren Schmuckkästlein gestaltet. Es wirkt hierbei allerdings fördernd mit, dass der Betrieb der Stickmaschine keine grossen Verunreinigungen im Gefolge hat. Durch das Abschneiden der Fäden entsteht ja etwas Staub,

---

[1] Der Gesamtraum der Fenster ist in diesen Webkellern im besten Fall halb so gross wie in den guten Sticklokalen.

aber dieser wird nie so bedeutend, dass von einer Belästigung die Rede sein könnte.

Die Lokale dienen mit ganz verschwindenden Ausnahmen nur während der Arbeit, und dann meist auch nur den direkt Beschäftigten — somit allerdings nicht selten der ganzen Familie — zum Aufenthalt. Ausser dem Ofen und den zur Ausübung der Fädlerei und Stickerei nötigen Geräten befindet sich meist kein Möbelstück in dem Raum, der unter diesen Umständen um so reiner gehalten wird, als die Art des Produktes Unsauberkeit nicht verträgt. Die etwas schwierige Erwärmung des grossen Zimmers im Winter wird bei der beständigen Bewegung, in der sich Sticker und Fädlerin befinden, wohl kaum als ein Übelstand empfunden. Unangenehm ist hingegen da, wo mit Torf geheizt wird, der bei Verwendung dieses Brennmaterials entstehende Geruch. Die Beleuchtung am Abend geschieht durch zwei Petroleumlampen und kann als genügend bezeichnet werden.

VI. KAPITEL.

# NEBENVERDIENST IN DER LANDWIRTSCHAFT, WOHNUNG UND LEBENSWEISE.

Von überaus grossem Interesse ist die Frage, in wie weit neben der Stickerei noch andere Gewerbe oder Landwirtschaft getrieben werden.

Ersteres geschieht im allgemeinen nicht; ganz ausnahmsweise sieht man neben dem Sticklokal noch einen Kramladen. Mit der Landwirtschaft indes ist die Maschinenstickerei momentan wie kaum eine andere Hausindustrie der Schweiz — es sei denn die Handweberei — verbunden. Und zwar ist der landwirtschaftliche Besitz manchmal so bedeutend, dass man die Stickerei als Neben-, die Landwirtschaft als Hauptbeschäftigung ansehen muss. Das Centrum des Gebiets, die Bezirke Untertoggenburg, Alttoggenburg, Gossau, St. Gallen, hie und da auch noch einige grosse Dörfer ausserhalb desselben sind rein hausindustriell. Dort findet man nur höchst selten Sticker, die noch landwirtschaftlichen Besitz haben. Darum aber schliesst sich ein nirgends unterbrochener Kreis von Hausindustriellen, die sich bald mehr, bald weniger noch mit Ackerbau und Viehzucht beschäftigen. Das darf nun allerdings nicht dahin verstanden werden, als habe jeder Einzelsticker an der Peripherie mindestens einen Acker oder ein Stück Vieh, es giebt vielmehr auch dort eine gar nicht unbedeutende Zahl rein hausindustrieller Sticker, aber die Mehrzahl zieht aus beiden Quellen ihren Unterhalt. Wer von Buchs rheinabwärts wandert, der wird kaum glauben, dass in den von wahren Obstbaumwäldern umgebenen Dörfern diesseits und jenseits des Stroms — auf St. Gallischem wie Vorarlbergischem Gebiet — die Stickmaschine eine so grosse Rolle spielt, und jeder, der die fruchtbaren Gegenden des Kantons Thurgau sieht, wird alles andere dort vermuten als eine Hausindustrie von der Beschaffenheit der unseren. Im Süden und dem inneren Südwesten des Gebiets freilich ist die Verbindung von Bauern und Industriearbeitern weniger überraschend. In den rauhen Distrikten Appenzells, Ober- und Neutoggenburgs, in deren höchsten Teilen kaum die Kartoffel kümmerlich gedeiht, treibt man lediglich die da oben allein noch rationelle Viehzucht, so dass der Bodenbesitz nur aus Wiesen besteht. Einmal nehmen da die Besorgung des Viehs und die Grasernte den Bauern wenig in Anspruch, vor allem aber ist dort, wo bei kärglichem Erwerb eine Menge Bedürfnisse nicht durch die Eigenproduktion gedeckt werden können, das Verlangen durch einen industriellen Nebenverdienst mehr Geld ins Haus zu bekommen, sehr natürlich.

Welche Gründe begünstigen den landwirtschaftlichen Besitz, wie gross und welcher Art ist er, und wie wirkt die Industrie auf seine Ausdehnung ein? Das sind die Fragen, die sich unwillkürlich aufdrängen. Wir beantworten sie am genausten, wenn wir die einzelnen Landstriche gesondert daraufhin betrachten, da diese Verhältnisse nach der örtlichen Lage verschieden sind. Mehrere der Ursachen, die die Nebenbeschäftigung mit der Landwirtschaft förderten, sind allerdings allenthalben wirksam gewesen. Hierher gehören einmal die durch geringere Nachfrage verminderte Produktion im Sommer, ferner die seiner Zeit vom Centralverband dekretierte Beschränkung der täglichen Arbeitszeit auf 11 Stunden und endlich die Art und Form des Haushalts der in Frage kommenden Bevölkerungsschicht.

Was den ersten Punkt anlangt, so zeigt die vom amerikanischen Konsulat quartalweise herausgegebene Ausfuhrstatistik während der letzten 10 Jahre, dass in den Monaten Oktober bis März im Durchschnitt mehr als das Doppelte als im Sommerhalbjahr nach den Vereinigten Staaten ausgeführt wurde [1]. Wenn auch der Begehr der anderen Länder sich gleichmässiger auf das ganze Jahr verteilt, so genügt begreiflicher Weise doch eine Reduzierung der Bestellungen des wichtigsten Kunden um mehr als die Hälfte, um so und so viele Maschinen während dieser Reduktion überflüssig zu machen.

Zu diesem Umstand, der ja die Sticker von selbst auf die Landwirtschaft hinwies, gesellte sich nun noch von 1885—1891 der vom Stickereiverband auch für die Hausindustrie festgesetzte elfstündige Maximal-Arbeitstag. Die langen Sommertage liessen da genügende Musse, einen guten Teil der geringen Feldarbeiten zu verrichten, und man versäumte nun keine Zeit am Stickstuhl mehr, wenn man morgens und abends das Vieh fütterte und sonstigen nötigen Arbeiten im Stall und auf dem Felde oblag. So hat sich die Landwirtschaft nicht nur in den Stickerkreisen gehalten, die aus ihr hervorgegangen sind, sondern auch ehemals rein Hausindustrielle haben sich ihr gewidmet. Ich habe fast in allen Teilen Typen der letzteren Art gefunden, wie auch nicht selten frühere Kleinbauern, die sich der Stickerei zugewandt hatten, in den letzten 80er Jahren, weit entfernt ihren landwirtschaftlichen Betrieb einzuschränken, diesen vielmehr mit den Ersparnissen der Stickerei vermehrt haben.

[1] Laut amtlicher Konsularstatistik betrug die Ausfuhr von Stickereien aus der Ostschweiz nach Amerika in Franken:

| Quartal. | 1883. | 1884. | 1885. | 1886. | 1887. |
|---|---|---|---|---|---|
| I. | 10 340 086 | 8 089 060 | 8 676 563 | 11 372 822 | 9 196 927 |
| II. | 5 122 164 | 5 029 362 | 5 293 642 | 6 762 420 | 4 000 098 |
| III. | 3 806 138 | 5 380 144 | 4 835 862 | 4 198 040 | 5 109 306 |
| IV. | 11 614 289 | 13 065 405 | 13 117 675 | 12 613 533 | 14 501 471 |

| Quartal. | 1888. | 1889. | 1890. | 1891. | 1892. |
|---|---|---|---|---|---|
| I. | 8 437 166 | 8 280 385 | 10 483 562 | 6 905 580 | 6 103 245 |
| II. | 3 859 501 | 3 857 287 | 5 977 553 | 2 810 667 | 3 280 392 |
| III. | 4 794 349 | 5 764 068 | 10 062 651 | 6 205 070 | 7 242 179 |
| IV. | 13 178 547 | 13 254 298 | 11 339 013 | 11 339 013 | 10 538 233 |

Wohl nicht viel weniger als die bereits erwähnten Thatsachen scheinen mir die Beziehungen, wie sie in unserem Gebiet zwischen Eltern und Kindern herrschen, die Verbindung von Landwirtschaft und Industrie befördert zu haben. Das Haushaltungswesen ruht dort, wohl noch in Erinnerung an frühere, reinbäuerliche Verhältnisse auf einer breiteren Basis als gewöhnlich. Die beiden Eltern bilden oft mit der Familie des Sohnes, seltener der Tochter, einen Haushalt, in dem nur eine gemeinsame Rechnung geführt wird. Was liegt da näher, als dass die in der Industrie unverwendbaren Alten in landwirtschaftlicher Thätigkeit ihren Beitrag zu den gemeinsamen Kosten leisten. Schwere Arbeit können sie freilich nicht thun, aber die ist auch gar nicht so häufig; wäre sie das, dann würde sie auch der jüngere Sticker, der trotz der anstrengenden Thätigkeit an der Maschine durch die Zimmerluft verweichlicht ist, nicht leisten können. Man darf sich eben nur ja nicht die dortigen Bauern vorstellen, als trieben sie eine intensive Landwirtschaft mit Körnerbau und einer Fruchtfolge, die dem Boden abgewinnt, was ihm rationeller Weise nur abzugewinnen ist. Körner werden in der Hauptsache nur im Thurgau gebaut und auch da wohl nur selten von Stickern, und der Anbau von Kraut, Mais und Kartoffeln geht kaum über den Eigenbedarf hinaus. Für viele aber ist mit dem Füttern des Viehs und mit der Düngung und Aberntung von Wiesland die landwirtschaftliche Thätigkeit erschöpft.

Wir wollen nunmehr, im Osten beginnend, die einzelnen Gegenden kurz für sich betrachten.

In Vorarlberg ist eben so wie auf dem linken Rheinufer die hausindustrielle Stickerbevölkerung ganz überwiegend aus Kleinbauern hervorgegangen und hat sich diesen kleinbäuerlichen Charakter bis heute bewahrt. Nach der Angabe guter Kenner sollen 80—90 % der Vorarlberger Sticker noch nebenher Landwirtschaft betreiben. Für diese Gegend ist das auch nicht besonders auffällig. Andere Industrien wurden von der männlichen Bevölkerung vor Einführung der Maschinenstickerei kaum gepflegt, und wie wir wissen, fing die Aufstellung von Maschinen in Vorarlberg erst Ende der 70er Jahre an. Es sind also kaum 15 Jahre verflossen, seitdem man industriell thätig ist, und der Vorarlberger giebt seine frühere Beschäftigung um so weniger auf, als er die kleinste Verminderung der Nachfrage nach Stickereien am ersten zu fühlen bekommt. Er hat von jeher nur die gröbste Arbeit bekommen, die ihm nie Gelegenheit gab, sich über das Können des Anfängers zu erheben, die guten Muster blieben drüben in der Schweiz, wo es geschickte und bewährte Hände zu ihrer Ausführung genug gab. Kam nun ein Nachlassen der Nachfrage, so war es ja das Natürlichste, dass man zuerst den ungeschulten ausländischen Arbeiter, für den man — fast möchte ich sagen — jeden Tag wieder einen Ersatz haben konnte, beschäftigungslos liess. So hielt dieser an dem früheren Beruf fest, was nun seinerseits wieder, wie später noch ausgeführt werden wird, die Güte seiner Arbeit beeinträchtigte. Diese unglückselige Wechselwirkung zwischen Ursache und Folge würde allein schon den Fortbestand der Landwirtschaft erklären, wie andrerseits mit Sicherheit erwartet werden kann, dass eine, wenn auch nicht im grossen Massstab sich vollziehende Umbildung zu reinen Hausindustriellen eintreten würde, sofern nur der Arbeiter auf eine einigermassen gleichmässige Beschäftigung rechnen könnte. Die 1891/92 begonnene Emancipation des Vorarlbergs von dem Schweizer Handel mit ihrer Anstrengung auf eine Hebung der Leistungsfähigkeit könnte, sofern der Versuch nicht scheitert, wohl in dieser Richtung wirken. — In der breiten Ebene, die das rechte Rheinufer begrenzt, spielt neben Wiesen und Obstbau auch der Gewinn von Feldfrüchten eine Rolle. Man baut da hauptsächlich Mais als Nahrungsmittel für Mensch und Vieh, ferner Kraut und Kartoffeln, teilweise sogar über den Eigenbedarf hinaus. In den meisten Fällen aber wird dieser nur knapp gedeckt. Der Bestand an Kühen oder Ziegen schwankt zwischen 1 und 4 Stück, auch mästet man wohl zum Selbstschlachten ein oder zwei Schweine. Die laufenden Arbeiten, wie Viehfüttern, werden nebenher besorgt, während die Feldbestellung und Aberntung den Sticker circa 3 Wochen von der Maschine fern halten. In den

Höhen des Bregenzer Waldes, wo lediglich Viehzucht und Alpwirtschaft, teilweise von ganz vermögenden hausindustriellen Bauern betrieben wird, soll ungefähr der vierte Teil der Maschinen den ganzen Sommer über still stehen.

Ähnliche Verhältnisse wie in den ebenen Teilen Vorarlbergs herrschen auf der Schweizer Seite den Rhein entlang. Nur tritt in Vorarlberg etwas zurück, was für die an dem linken Ufer des Stroms gelegene Gegend äusserst charakteristisch ist. Es ist das die hervorragende Bedeutung, die dort das unverteilte Gemeindeland hat. Da gar kein Zweifel besteht, dass diese Art des Besitzes dem Fortbestehen der Landwirtschaft neben einem industriellen Beruf sehr grossen Vorschub leisten muss, so wollen wir auf diese, auch in der Schweiz anscheinend etwas unbekannten Verhältnisse ein wenig näher eingehen. Es interessieren uns dabei am meisten die Bezirke Werdenberg und Oberrheinthal. Gemeindeland giebt es ja auch im Unterrheinthal und in Sarganz, aber dort sind es weniger Sticker als andere Berufe, für die es Bedeutung hat.

Im Gegensatz zu anderen Teilen der Schweiz ist in dem fraglichen Gebiet nicht nur der Boden, der für Alp- oder Waldwirtschaft verwandt wird, Gemeindeland, sondern auch der in der Ebene liegende Teil der Gemeindemarkung ist grösstenteils unaufgeteilt geblieben. So sind z. B. in Buchs, das allerdings in dieser Beziehung an der Spitze stehen dürfte, 90 % der ganzen Flur noch nicht in das Privateigentum übergegangen, vielmehr gemeinsames Gut der „Ortsbürger“, andernorts auch Genossenschaftsbürger genannt, geblieben. Diese Ortsbürgergemeinde, die manchmal geschlossen ist und dann nicht, wie sonst üblich, durch Einkauf einen Personenzuwachs erhalten kann, ist selbstverständlich von der politischen oder Einwohnergemeinde getrennt. Man braucht nicht einmal da ansässig zu sein, wo man nutzungsberechtigt ist. Die Berechtigung ist auf Lebenszeit, das Land aber ist sehr häufig nur auf einen gewissen Zeitraum, im Oberschaan z. B. auf 16, in Diepoldsau auf 10 Jahre verteilt, nach deren Ablauf durch das Los eine neue Einteilung geschieht. Die Mitgliedschaft zu der Genossengemeinde gründet sich auf die Abstammung von nutzungsberechtigten Eltern; das Recht an den Nutzungen teilzunehmen, beginnt aber in wenigen Gemeinden gleich mit der Geburt, sondern ist in den meisten Orten an die Errichtung eines eigenen Haushalts — „eigenen Rauchs und Feuers“ —, das heisst also ins Praktische übersetzt, an die Verheiratung geknüpft oder tritt mit dem 20. bis 24. Lebensjahr ein. Übersteigt die Zahl der Genossenbürger die verfügbaren Gemeindsteile, so erhalten die jüngsten kein Land, sondern werden, freilich nur in bescheidener Weise, mit Geld entschädigt. Die Rechte sind nicht ungemessen, sondern begrenzt, und zwar sind sie im Sinne einer ausgesprochenen Demokratie für alle gleich. So ist z. B. der Auftrieb von Vieh auf die Alpen, wo solche im Besitz der Bürgergemeinden sind, nicht an die Grösse der Thalgüter gebunden, vielmehr hat jeder, ganz einerlei, ob er fünf Stück Vieh oder gar keins im Stalle hat, die gleiche Berechtigung. Nur bei der Weide der Ziegen, der sogenannten Waldtratt, sind die Rechte ungemessen. Dort kann man nach Belieben auftreiben. Die gemessenen Anteile brauchen nicht benutzt zu werden; das Pflanzland kann vollständig brach liegen. Die Verpachtung ist erlaubt, ein Umstand, der für den Sticker äusserst wichtig ist. Er kann sich dann in guten Geschäftsjahren vollständig der Stickerei widmen, ohne dass er der Vorteile als Gemeindenutzungsberechtigter ganz verlustig ginge, und ist in schlechten Jahren ohne weiteres in der Lage, das ihm zugewiesene Land selbst zu bebauen.

Von grösstem Interesse ist natürlich die Frage nach der Grösse und dem Ertrag eines solchen Ortsbürgerteils. In unserem Gebiete umfasst derselbe ungefähr 1—1½ Juchart Pflanzland (1 Juchart = 36 Ar), dann eine Holz-, in einigen Dörfern eine Turben- (Torf-) Nutzung von einem Wert, der zwichen 10 und 35 Fr. in den verschiedenen Dörfern schwankt, und endlich da, wo Alpen sind, das Recht des Auftriebs einer, selten mehrerer Kühe. Die Alpen sind aber meist an Private verpachtet, und der Erlös wird gewöhnlich für corporative Zwecke verwandt. Im Durchschnitt repräsentiert der Gesamtanteil eines Ortsbürgers nach Abzug der mit ihm verbundenen Lasten, die circa 20—25 Fr. betragen, einen Nettopachtwert von 60—90 Fr. Bebaut der Berechtigte das Pflanzland selbst, so zieht er aus seinem Teil nach Abzug aller Kosten (Arbeit, Dünger u. s. w.) ungefähr 100—120 Fr.

Was die Art der gebauten Früchte anbetrifft, so ist diese ähnlich wie in Vorarlberg: Mais, Kartoffeln, Kürbisse, diese als Viehfutter, Rüben, Erbsen, hie und da etwas Körnerfrucht.

Neben dem Gemeindeland, das wohl 60—70 % der Einzelsticker besitzen, hat ungefähr die Hälfte noch Privateigentum an Land. Dieses hält sich bei den meisten in den bescheidenen Grenzen von 2—3 Juchart, erreicht bei einzelnen aber eine Ausdehnung, dass sie von Frühjahr bis Herbst der Industrie entzogen werden, während die lediglich den Genossenanteil bebauenden Sticker höchstens 12 Tage mit Feldarbeiten beschäftigt sind. Letztere halten nur während des Sommers 1—2 Ziegen, die sie auf der Waldtratt ernähren, wohingegen der Viehstand der noch Privatländereien besitzenden Sticker zwischen 2 und 4 Kühen schwankt.

Wandern wir jetzt Rhein und Bodensee abwärts nach dem Thurgau. Thurgau ist der eigentliche Bauernkanton der Schweiz, und mit Stolz erzählt jeder Bewohner dieses Ländleins, dass es die fruchtbarste Gegend der Schweiz sei. So ist es nicht überraschend, dass von den hausindustriellen Stickern hier circa 60 % neben her noch eigene Landwirtschaft betreiben. Freilich ist es auch hier wie überall, der Grundbesitz ist äusserst zersplittert, die Liegenschaften der Bauern sind oft von mehr als bescheidener Grösse und dazu noch im allgemeinen mit starken Schulden belastet. Diesen Zustand scheint nicht erst die Neuzeit geschaffen zu haben. Schon früher waren die Bauern ausser stande, mit dem Ertrag ihres Gütleins die Schuldzinsen, zu bezahlen, und sahen sich genötigt, durch einen Nebenverdienst, den sie damals in der Handweberei fanden, sich das fehlende Bargeld zu verschaffen. Als daher in den 70er Jahren die mechanischen Webereien im Verein mit schlechten Zeiten die Hausweberei zu vernichten drohten, da ergriffen diese Kleinbauern ungesäumt die Gelegenheit, den Web- mit dem

Stickstuhl zu vertauschen. Und die Stickerei konnte sie im grossen und ganzen ihrem eigentlichen, ursprünglichen Beruf so wenig entfremden wie früher die Handweberei. Nach übereinstimmender Angabe von Kennern hat die Beschäftigung in der Landwirtschaft im allgemeinen nicht nachgelassen, in einzelnen Fällen habe ich sogar Leute getroffen, die mit den in guten Jahren ersparten Stickerlöhnen ihren Landbesitz vergrössert haben. Dass dieses möglich war, ist natürlich nur verständlich aus den im Anfange dieses Kapitels erwähnten Umständen — verminderte Produktion im Sommer u. s. w. — aber auch die anscheinend grosse Körperkraft der Thurgauischen Frauen, die „wie die Männer schaffen", mag fördernd in dieser Beziehung gewirkt haben. Die Grösse des Besitzes schwankt zwischen $^1/_2$—6 Juchart und hält sich im Mittel zwischen 2 und 4, während der Stand des Viehs nach diesem Landbesitz zwischen 1 Ziege und 3 und auch mehr Kühen sich bewegt. Das Mittel beträgt hier eine Kuh und eine Ziege, wobei bemerkt sein mag, dass eine Kuh ungefähr 3 Ziegen entspricht. Von dem Land wird ein Juchart gewöhnlich als Pflanzland verwandt. Man baut darauf Kartoffeln und Kraut, auch Weizen und Roggen, namentlich wegen der Streu für das Vieh. Der andere Teil des Bodens dient lediglich dem Graswuchs. An Zeit werden von Stickern mit mittlerem Besitz der Landwirtschaft ungefähr 20—25 Tage gewidmet, während deren Dauer die Maschine still steht.

Neben diesen Stickern, die auf eigenem Boden wirtschaften, existiert aber auch noch eine Gruppe, die, ohne selbst Acker oder Vieh zu haben, sich hauptsächlich während der Ernte im Sommer zu Feldarbeiten verdingt. Ist die Zahl dieser auch klein und von einiger Bedeutung vielleicht erst seit dem schlechten Gang der Industrie, die den dem Landarbeiter gewährten Taglohn von $2^1/_2$—3 Fr. nicht mehr zahlt, so verdient diese Thatsache doch eine Erwähnung.

Ähnliche Verhältnisse wie im Thurgau existieren in den südwestlichen Teilen des Stickereigebiets, in den ebenen Strichen des Kantons Zürich, soweit diese für uns in Betracht kommen. Nur scheint dort der Prozentsatz bäuerlicher Sticker etwas niedriger zu sein.

Neben anderem spielt hier auch der Obstbau, wie dies übrigens auch im Thurgau und dem unteren Rheinthal der Fall ist, eine ganz bedeutende Rolle. Der Erlös daraus soll sich manchmal 100 Fr. nähern.

Landwirtschaft anderer Art treffen wir, wenn wir das Thal der Thur von Wil aus, das im rein hausindustriellen Centrum liegt, aufwärts bis zu dem Ursprung des Flusses am Säntis verfolgen. Dort ist der Früchtebau fast ganz verschwunden, selbst der Bau der Kartoffel ist nur im unteren Teil noch rationell, und Viehzucht allein kann hier noch mit Erfolg getrieben werden. Dem zwischen 1 und 8, im Durchschnitt zwischen 2 und 4 Juchart schwankenden Bodenbesitz entspricht eine Zahl von 1—4 Kühen. Indes verpachtet hier der Sticker nicht selten die Nutzung des Bodens, so dass dann der thatsächliche Zusammenhang mit der Landwirtschaft nur in so weit besteht, dass der Hausindustrielle aus seinem Besitz ohne Arbeit einen Erlös hat und jederzeit wieder die Bewirtschaftung selbst in die Hand nehmen kann. Der Ertrag der Pacht per Juchart beträgt 120 Fr. Ich habe nirgends gehört, dass derartige Leute ihre Liegenschaft schliesslich verkauft hätten, obwohl sie fast alle verschuldet sind. Es scheint auch hier, wo die Baumwollenweberei als Hausindustrie schon seit dem vorigen Jahrhundert bestand, die Erinnerung an die Zeit, in der man noch rein bäuerlich war, noch nicht ganz verschwunden zu sein. — Im obersten Thurthal spielen die Gemeindealpen eine wenn auch bescheidene Rolle. Die landwirtschaftliche Thätigkeit absorbiert 20 Arbeitstage im Jahre.

In Appenzell A. Rh. liegen die Dinge ähnlich, nur ist dort die Zahl der Landwirtschaft treibenden Einzelsticker geringer als im eben besprochenen Gebiet. Sie beträgt in Appenzell circa 30, im Thurthal circa 50 % der Gesamtzahl.

So sehen wir, dass sich um ein rein hausindustrielles Centrum, gebildet von den Bezirken Alt- und Untertoggenburg, den nördlichen Teilen von Wil, Gossau, dem südlichen Appenzell und dem Bezirk St. Gallen, ein Kreis von Einzelstickern schliesst, der in seiner Mehrheit noch mit Landwirtschaft beschäftigt ist. Wir haben ferner bemerkt, dass viele Umstände dieser Verbindung Vorschub leisten und bis jetzt verhindert haben, dass die Industrie die alleinige Erwerbsquelle wurde. Es wäre nun aber voreilig, wenn man behaupten wollte, die hier gemachte Beobachtung erbrächte den Beweis, dass sich unter gewissen Umständen ein landwirtschaftlicher Kleinbetrieb ganz gut neben einer Hausindustrie auf die Dauer halten kann. In all den in Frage kommenden Bezirken ist es meist noch die erste Generation, die stickt, sehr viele der heutigen Sticker sind als Bauern gross geworden und haben sich erst mit ihrem 20. und 25. Jahre der Industrie zugewandt. Ich erinnere daran, dass im Rheinthal und Thurgau anfangs der 70er Jahre, in Werdenberg und Obertoggenburg in der Mitte und in Vorarlberg gegen Ende des erwähnten Jahrzehnts die Maschine allgemein Eingang fand. Es wäre also erst abzuwarten, ob das Geschlecht, das unterdessen — meist am Fädlertisch — herangewachsen ist, dem Beispiel der Väter treu bleibt oder anfängt sich des Landeigentums zu entäussern. Bei den jetzigen schlechten Zeiten der Industrie tritt dies vor der Hand sicher nicht ein. Wie ein eventueller guter Geschäftsgang wirken würde, das kann wohl Sache der Mutmassung, aber nicht der Gewissheit sein.

Eine andere Frage ist die nach den Folgen dieser Verbindung. Nun kann ein Zweifel darüber, dass den Landwirtschaft treibenden Stickern ihr Besitz an Grund und Boden Vorteile bietet, absolut nicht bestehen. Einmal sind rein sanitäre Vorzüge zu konstatieren. Nicht wenige der Beteiligten selbst haben mir gesagt, dass sie sich gern zeitweise einer bäuerlichen Thätigkeit hingäben, weil das Sticken auf die Dauer gesundheitsschädlich wirke.

Aber mehr als die gesundheitlichen springen die ökonomischen Vorteile in die Augen. Da der bäuerliche Sticker einen Teil der verschiedenen Lebensmittel selbst produziert, so ist er schon in gewöhnlichen Zeiten weniger in Gefahr beim Krämer hohe Preise zahlen und Schulden machen zu müssen, während in grossen Krisen sein Nebeneinkommen geradezu unschätzbar wird. Kann ihn dies auch nicht ernähren, so vermisst er doch den fehlenden Verdienst aus der Stickerei lange nicht so, als sein rein hausindustrieller College, der allerdings von der Arbeitslosigkeit erst später getroffen wird. Mit der Erwähnung dieses letzten Umstandes haben wir aber einen Kardinalfehler des gemischten Berufs berührt. Es ist nämlich absolut ausgeschlossen, dass ein Sticker, der nebenher, und sei es auch nur geringe Landwirtschaft treibt, feine Arbeit liefere. „Das mag's nit verliede" sagen die guten Sticker. Die Hände verlieren die Feinheit und Gelenkigkeit, und das verhindert dann sowohl eine genaue Führung des Pantographen als auch ein feines Anziehen des Fadens, das bei feinem, leicht zerreissendem Stoff unbedingt nötig ist. Auch fehlt es dann wohl in den meisten Fällen an jener peinlichen Sauberkeit, deren feine Stickereien bedürfen. Können doch Buntstickereien und gewisse weissgestickte Waren nicht mehr der reinigenden Bleiche unterworfen werden. So lässt der Nebenbetrieb der Landwirtschaft den Sticker höchstens das Mittel seiner Kollegen erreichen, meist aber hält er ihn in den Reihen der Grobsticker fest. Diese bekommen, was nur gerecht erscheint, natürlich zuerst den Arbeitsmangel zu fühlen, einmal weil sich dieser bisher in der Regel bei der groben Ware zuerst einstellte, dann aber, weil der Arbeitgeber den guten Arbeiter dem schlechten bei der Arbeitsausgabe vorzieht.

Empfinden so die bäuerlichen Sticker lediglich allein den Schaden ihrer Doppelstellung, so zeitigt diese leider auch noch Nachteile für die ganze Industrie, die am stärksten gerade von den anderen Arbeitern gefühlt werden. Denn durch die zunehmende Anzahl von Grobstickern, die zeitlebens solche sind und bleiben, wird oder wurde vielmehr schon das Produkt immer schlechter, das Publikum gewöhnte sich an die billigen und schlechten Artikel, und die Gefahr ist gar nicht zu verkennen, dass auch die Leistungsfähigkeit der besseren Sticker, die nun auch mehr und mehr gröbere Arbeit zu erstellen haben, herabgedrückt wird. Dies ist der eine Schaden, die allgemeine qualitative Verschlechterung der „einst so schönen Industrie“, wie man wehmütig in der Schweiz sagt, und nicht viel geringer ist der andere Nachteil, der Druck, den die Landwirtschaft treibenden Sticker auf die Löhne ausüben. Sie sind froh, wenn sie überhaupt Arbeit erhalten, und es kommt ihnen daher nicht so sehr darauf an, ob sie per 100 Stich ein paar Rappen mehr oder weniger erhalten. Wohl aber leiden unter dem dadurch hervorgerufenen Preisdruck ihre rein hausindustriellen Genossen. Die Stimmung der letzteren gegen die ersteren lässt deutlich erkennen, wie tief der eben besprochene Übelstand von ihnen empfunden wird.

Was soll man nun wünschen? Soll die Nebenbeschäftigung der Sticker mit der Landwirtschaft verschwinden, soll sie bestehen bleiben?

Nach den eben angestellten Betrachtungen wird man geneigt sein, sich für ersteres zu entscheiden. Wenn man aber die Sache nicht so einseitig betrachtet, wie wir es eben gethan haben, kommt man doch zu einem anderen Resultat. Einmal darf man nämlich nicht dem bäuerlichen Einzelsticker allein die Schuld an der zunehmenden Musterverschlechterung zuschieben. Dafür sind die Kaufleute, vor allem aber die Konsumenten, die sich zum Teil aus wenig kaufkräftigen Klassen rekrutieren, noch mehr die treibende Ursache gewesen. Dann aber muss man nicht mit der Vergangenheit, sondern mit der Gegenwart rechnen. Da liegen aber die Verhältnisse eben so, dass der Markt nicht nur ordinäre Ware verlangt, sondern dass auch der Begehr sich nicht mehr mit der früheren Gleichmässigkeit einstellt. Bei dem kärglichen Verdienst, den heute aber die Stickerei gewährt, ist es klar, dass die Mehrzahl der Grobsticker sich nichts ersparen kann und für die abeitslose Zeit einen Rückhalt haben muss. Man könnte daher trotz einzelner notorisch ungünstiger Wirkungen der landwirtschaftlichen Nebenbeschäftigung ihr Verschwinden nur mit Sorge begrüssen.

Eins der erfreulichsten Kapitel ist die Schilderung der Wohnungsverhältnisse der Sticker. Weitaus die meisten Familien bewohnen ein Häuschen für sich allein, das in der

Regel ihr — wenn auch verschuldetes — Eigentum ist. Es stehen mir über diese Verhältnisse die Zahlen aus der 1888er Volkszählung zu Gebote, die allerdings nur die Bevölkerung im allgemeinen betreffen. Indes würden für die hausindustriellen Sticker allein die Zahlen noch günstiger lauten, da die in dicht bevölkerten Fabrikdörfern wohnenden Arbeiter der mechanischen Spinnereien und Webereien, sowie die zahlreichen Fabriksticker, von denen doch sicher nicht allzuviele allein ein Haus bewohnen, höchst wahrscheinlich das Bild ungünstig beeinflussen. Es fielen in

| | | | | | | |
|---|---|---|---|---|---|---|
| St. Gallen | auf | 34169 | bew. Häuser | 50845 | Haushalt. |
| Thurgau | „ | 18070 | „ „ | 22760 | „ |
| Appenzell A. Rh. | „ | 8213 | „ „ | 12899 | „ |
| „ I. Rh. | „ | 2112 | „ „ | 3163 | „ |

oder mit anderen Worten

| | | |
|---|---|---|
| auf 1 Haus kamen in St. Gallen | 1,48 | Haushalt. |
| „ „ „ „ „ Thurgau | 1,26 | „ |
| „ „ „ „ „ Appenzell A. Rh. | 1,59 | „ |
| „ „ „ „ „ „ I. Rh. | 1,50 | „ |

Sehr erfreulich ist, dass sich dieses Verhältnis seit 1880 fast gar nicht verändert hat. Damals kamen auf 1 Haus in St. Gallen 1,40 (gegen 1,48), in Thurgau 1,22 (gegen 1,26), in Appenzell A. Rh. 1,58 (gegen 1,59), und Inner. Rh. 1,50 (gegen 1,50) Haushaltungen.

Dass es möglich war, die schweren Teile der Maschine auch in die an steiler Berghalde gelegenen Wohnungen, die kaum ein Pfad mit der Thalstrasse verbindet, zu schaffen, dem ist es zu verdanken, dass die überaus schnelle Verbreitung der Industrie nur wenig Veränderungen in die Wohnungsverhältnisse gebracht hat. Es konnte sich eben der ganze Vorgang, wenigstens was die Hausindustrie anbetrifft, ohne eine Konzentration in den Städten oder Dörfern vollziehen.

Man braucht nicht mit dem Theoretiker Sachs[1] oder

[1] Vergl. „Die Wohnungszustände der arbeitenden Klassen und ihre Reform“ von Dr. E. Sachs, Wien 1869.

dem Praktiker Engel-Dollfus[1] in der Wohnungsfrage die ganze Arbeiterfrage überhaupt zu erblicken und zu glauben, ein eigenes Heim mache den Arbeiter zum Kapitalisten mit allen Vorzügen dieser Klasse, so wird man doch mit jedem, der Gelegenheit hatte, die äusserst ungünstigen Wirkungen schlechter Mietswohnungen mit eigenen Augen zu sehen, darin übereinstimmen, dass ein eigenes Haus, wenn auch bei weitem nicht alle, so doch viele Missstände des Arbeiterlebens zu beseitigen oder wenigstens zu mildern vermag. Vor allem ist die ökonomische Seite zu erwähnen. Wie der Arbeiter in grossen Fabrikcentren von den Wohnungsvermietern ausgebeutet wird, wie vor allem der hohe Mietpreis es ist, der auch ausgezeichnet gezahlte Arbeiter hindert, sich zu der gesellschaftlichen Lage des Kleinbürgertums aufzuschwingen, das hat uns erst vor kurzem Wörishoffer wieder gezeigt.[2] Aber auch in gesundheitlicher, sittlicher und psychologischer Beziehung hat der Hausbesitz günstige Folgen. Sie liegen auf der Hand und sind fast Gemeinplätze geworden, deshalb genügt es wohl, auf sie hingewiesen zu haben. Nur den psychologischen Wirkungen seien einige Worte gewidmet. Mit Recht hebt man in dieser Hinsicht stets hervor, wie der Besitz eines Hauses das moralische Bewusstsein hebt, wie er den Eigentümer auch unter sonst ungünstigen Umständen weit über jene besitzlose Proletariermasse stellt, die, von allen Seiten bedrängt, ein trostloses und verbittertes Dasein führt.

Allerdings hat aber der Hausbesitz auch psychologische Folgen weniger erfreulicher Art. Einmal lähmt er, wie schon öfter beobachtet wurde, die Unternehmungslust der Leute, indem er nämlich manch intelligenten Mann, der vielleicht wo anders sein Glück machen würde, im Dorfe zurückhält. Doch möchte ich das weniger betonen als die andere Folge: die Separierung der Arbeiter und der dadurch

---

[1] Vergl. hierzu: „Die oberelsässische Baumwollenindustrie und ihre Arbeiter" (S. 335) von Dr. H. Herkner, Strassburg 1887.

[2] Vergl: „Die soziale Lage der Fabrikarbeiter in Mannheim und dessen nächster Umgebung" (S. 201 ff.), Karlsruhe 1891.

bedingte Mangel an Solidaritätsgefühl, der ja schon durch das Fehlen eines gemeinsamen Arbeitsraums genährt wird. Man sieht sich auch ausserhalb der Arbeitszeit nicht, kennt weder die Sorgen des andern, noch kümmert man sich um die trostlose Lage des Nachbarn, solange man nur selbst ein halbwegs erträgliches Auskommen hat. Das liesse sich an der Hand mancher Beispiele erläutern. Oft musste ich mich über die ungenaue Kenntnis, die Sticker über die Verhältnisse ihrer Mitbürger hatten, wundern. Es ist ein Beweis für die Stärke anderer Umstände, dass der grosse Verband zustande kommen konnte trotz dieses seiner Gründung hinderlichen Momentes.

Aber diese Nachteile des Hausbesitzes treten weit zurück gegenüber seinen grossen und mannigfachen Vorteilen, die ja auch von der Wissenschaft in richtiger Weise gewürdigt sind. Es ist erfreulich, dass diese Ansicht der Theorie in unserem Gebiete auch in der Praxis Anerkennung gefunden hat: In Appenzell A. Rh. kann eine Hypothek, sofern nur der Schuldner seinen Zinsverpflichtungen richtig nachkommt, von dem Gläubiger nicht gekündigt werden [1].

Die Häuser bestehen im allgemeinen aus Parterre, erstem Stock und einem aufgesetzten Giebel, meist sind sie nach Art der Blockhäuser aus Holz gebaut. Man fügt Balken über Balken, beschlägt sie innen und aussen mit Brettern und überdeckt diese auf der Aussenseite mit halbkreisförmigen Tannenbrettchen. Das Haus erhält dadurch ein überaus freundliches Aussehen, das die unschönen, impertinent grünen Fensterläden kaum zu beeinträchtigen vermögen. Weniger häufig, mehr in den ebenen Teilen Thurgaus sind die aus Fachwerk hergestellten, mit Kalk be-

---

[1] § 10 „des Gesetzes über das Pfandrecht an Liegenschaften — Zedelgesetz — für den Kanton Appenzell A. Rh.“ sagt: „Der Zedeleigentümer ist nicht berechtigt, den Zedel zu kündigen, der Zedelschuldner hingegen ist befugt, nach vorausgegangener dreimonatlicher Kündigung den Zedel ganz oder teilweise abzuzahlen. Dem Zedelschuldner ist es freigestellt, welche Zedelschuld er abzahlen will.“ — Das Gesetz wurde laut Landgemeindebeschluss im August 1835 eingeführt.

worfenen Häuser. Beiden Typen sind, wenigstens bei älteren Bauten, die zahlreichen kleinen Fenster gemeinsam, die nur durch geringe seitliche Zwischenräume getrennt, die ganze Front des ersten Stocks einnehmen. Sie sind immer ein Beweis, dass das Haus schon vor Einzug der Stickmaschine gebaut wurde. In später erstellten Gebäuden, bei deren Errichtung man von vorn herein auf ein Sticklokal Bedacht nahm, den sogenannten Stickerheimen, sind durchgängig die kleinen Fenster den grossen gewichen.

Die innere Einteilung der Wohnung ist gewöhnlich so, dass sich im Parterre Wohnstube, Küche und Sticklokal, im ersten Stock 3—4 Schlafkammern, und in dem Giebelraum noch ein zu den verschiedensten Zwecken verwandtes Zimmer befinden.

Die Sticker, die kein eigenes Haus haben, haben entweder ein ganzes Haus gemietet — dies ist meist an der Peripherie oder bei zerstreuter Wohnweise der Fall — oder, was im Stickereicentrum und grossen Dörfern die Regel ist, sie bewohnen nur einen Teil eines Hauses. Auch dann aber verfügen sie über Stube, Küche und, wenn Kinder da sind, über mindestens 2 - 3 Kammern, so dass eine Trennung der Geschlechter beim Schlafen auch hier überall stattfindet. Der Mietpreis einer derartigen Wohnung schwankt je nach der Gegend zwischen 160 und 300 Fr., in abgelegenen Distrikten geht er sogar auf 100 Fr. und manchmal noch weniger herunter. Der Geräumigkeit der Wohnungen entspricht im allgemeinen eine grosse Reinlichkeit und fast überall das hervortretende Bestreben, die Wohnung innen und aussen möglichst freundlich auszustatten. Die ersten Ersparnisse werden meist in diesem Sinne verwandt, wie auch bei den zur Miete wohnenden Stickern der Erwerb eines Hauses das Ziel aller Wünsche bildet[1].

---

[1] Der Freude an dem Besitz eines Hauses giebt ein Dialektgedicht in der „Stickerei-Industrie" (Jahrg. 87, No. 2) beredten Ausdruck. Es mögen zwei Verse hier Platz finden:

Mir isch es wohl, i chan es säge,
Seit i en eiges Hüsli ha,
Muess i au öppis Schulde träge

Wir wollen jetzt einen Blick auf die Lebensweise der Einzelsticker werfen. So mannigfach die äusseren Bedingungen sind, unter denen diese Klasse lebt — man denke an die grossen Industrieorte und an das Häuslein auf abgelegenem Berghange im einsamen Hochthal, an den Besitz des Landwirts und an die Besitzlosigkeit des Maschinenpächters, an den Fein- und an den Grobsticker — so wenig Verschiedenheit herrscht im Grunde genommen in der Lebensweise. Es hängt dies eben damit zusammen, dass nicht das Einkommen allein für einen grösseren oder geringeren standard of life massgebend ist. Der Feinsticker im industriereichen Centrum erreicht mit seinem nahezu doppelten Verdienst nicht allzuviel mehr als der Grobsticker in seiner vereinzelt liegenden Wohnung an der Peripherie, die höheren Hauspreise, die teueren Lebensmittel machen den Unterschied bedeutend kleiner, als er zu sein scheint. Jedenfalls zeigt er sich nicht auffallend in der Nahrungsweise. In den ländlichen Gegenden wird vielleicht etwas mehr Milch verbraucht, in einzelnen Distrikten, wie in Vorarlberg und im Rheinthal werden viel Maisspeisen gegessen, aber sonst sieht man überall dasselbe im allgemeinen nicht sehr erfreuliche Bild.

„Kartoffeln in der Früh
Des Mittags in der Brüh',
Des Abends mitsamt dem Kleid,
Kartoffeln in Ewigkeit".

Dieser Vers vom Thüringer Wald könnte auch hier entstanden sein. Manchem Sticker mag es wohl schwer ankommen, wenn er dies Gericht jetzt mit seinem meist aus Surrogaten hergestellten sogenannten Kaffee, dem „Päckli-

---

Wenn i no richtig zise cha
Und is au's Hüsli no so chlei
Mir chont's doch vor, es sei so frei ...
Drom möcht' i jedem armen Mändli
Gär, wenn er het e Chinderschaar,
E Hüsli gonne und es G'ländli
Wo z'essid wachst för's ganze Jahr
Damit er singe chönnt: Juchhei
Mir isch so himmlisch wohl und frei.

wasser [1]", verzehrt, schwer, weil der Kartoffel in der Schweiz viel mehr als in Deutschland das odium anhängt, die Nahrung nur des armen Mannes zu sein, und doppelt schwer, weil er aus den guten Zeiten der Industrie die Erinnerung an ein anderes Leben hat. Damals durfte Fleisch oder Braten auf dem Mittagstisch, Butter und feines Weissbrod auf dem Abendtisch und bei den Zwischenmahlzeiten nicht fehlen, und in den sich rasch vermehrenden Wirtshäusern wurde wohl für die Sticker ein besonderer Wein gehalten. Aber das ist eine vergangene Zeit, heute sind die Wirtschaften verödet, man muss sich mit zweimaligem Fleischgenuss in der Woche begnügen und ist zufrieden, wenn man nicht, wie ein Sticker sarkastisch meinte, „die Pausen für die Zwischenmahlzeiten mit Fasten ausfüllen muss". In Bezug auf die täglichen Mahlzeiten habe ich Notizen aus allen Gegenden und von den verschiedensten Leuten, sie lauten alle ziemlich gleichmässig: früh Cichorienkaffee, in bäuerlichen Familien stark mit Milch versetzt, nebst Brot oder Kartoffeln, zum zweiten Frühstück, zum „Nüni", Brot, allenfalls mit einem Glas selbst gekelterten Mostes (Apfelweins), Mittags Mehlspeisen, selten Fleisch mit Gemüse (Kraut, Rüben), häufig Kaffee mit Milch und gerösteten Kartoffeln, Nachmittags wie zum Nüni oder Kaffee mit Brot und Abends meist wie das erste Frühstück oder eine Suppe. In wenigen Fällen erhält das zweite Frühstück und das Abendbrot durch Käse, den „Magerkäs" einige Mannigfaltigkeit. In Vorarlberg und dem Rheinthal wird neben der Kartoffel auch geschmalztes Maismehl — Riebel genannt — gegessen, das sehr nahrhaft und nicht unschmackhaft sein soll.

Da wo Frau und Kinder fädeln, mag es wohl auch noch oft an der richtigen Zubereitung der einfachen Kost mangeln. Diese leidet jedenfalls früher als die Bedienung der Maschine unter der doppelten Beschäftigung der Frau. Jetzt ist dieser Übelstand noch nicht so gross, da viele der Frauen nicht bloss als Fädlerinnen aufgewachsen sind,

---

[1] Hinweis auf die in kleinen Packeten zum Verkauf kommende Cichorie.

sondern einige Kenntnis in der Haushaltungsführung haben. Wenn aber die jetzigen Fädlerkinder zum Heiraten kommen, dann wird die leicht zu bereitende Kartoffel die schon jetzt seltenen Mehlspeisen ganz verdrängen.

Es würden merkwürdige Zahlen herauskommen, wenn man, der modernen Richtung folgend, den Gehalt der Nahrung an Eiweisskörpern, Fetten und Kohlehydraten berechnen wollte. Ich bin aber überzeugt, dass das Ergebnis zu viel zu pessimistischen Schlüssen verleiten würde. Denn schliesslich lehrt doch der Augenschein, dass es nicht mehr darauf ankommt, wieviel Nahrungsmittel und in welcher Zusammensetzung sie dem Körper zugeführt werden, als darauf, wie sie der Organismus assimiliert. Das aber ist eben in Zahlen nicht auszudrücken.

Wir wollen jetzt von der speziellen Betrachtung der Art der Ernährung zu der der Lebensweise im allgemeinen übergehen. Da muss man wohl sagen, dass der Einzelsticker sich nach der Decke zu strecken versteht und ein äusserst sparsamer Hausvater ist. Das Wirtshaus besucht er nur Sonntags und auch da nicht regelmässig. Es ist etwas leichtfertig, wenn man die Häufigkeit der Kneipen auch in der Gegenwart noch auf die Frequenz durch die Sticker zurückführt. Das mag früher richtig gewesen sein, jetzt hätten wohl schon viele Wirtshäuser geschlossen werden müssen, wenn das Wirtsgewerbe nicht bloss so nebenbei, als sekundärer Beruf, getrieben würde. Auch in der Kleidung macht unser Hausindustrieller für sich und seine Familie keine unnötigen Ausgaben. Das fällt ihm allerdings nicht schwer, er hat ein gutes Vorbild hierfür in den reichen Kreisen, die teils aus Prinzip, teils aus Koketterie mit der demokratischen Verfassung eine einfache Kleidung tragen. Angenehm berührt die allgemeine Sauberkeit des Anzugs namentlich in Appenzell und den angrenzenden Bezirken. Es ist dort eine Freude zu sehen, wie sauber und propre die oft ärmlich gekleideten Kinder trotz der geringen freien Zeit der Eltern einhergehen.

Mit dieser Sparsamkeit steht das geringe Prosperieren der Consumvereine in den Stickerdörfern scheinbar im

Widerspruch. Man sollte denken, der Sticker würde die Gelegenheit, billig einzukaufen, gern ergreifen. Indes scheinen eben die dortigen Konsumvereine diese Gelegenheit nicht zu bieten. „Billig und schlecht“ soll nämlich die Devise der meisten sein. Schon anfangs der 80er Jahre klagten die Berichte der Kantonsregierungen[1] darüber, und nach mir gewordenen Mitteilungen scheint es jetzt nicht besser geworden zu sein.

Die geselligen und geistigen Interessen des Einzelstickers scheinen gering zu sein. Vor der Vereinsmeierei, die sonst in der Schweiz die üppigsten Blüten treibt, schützt ihn wohl der Mangel an Mitteln, und die Schützen-, Turn-, Gesang- und anderen Vereine, die Sonntags mit schlagenden Trommlern und wehenden Fahnen durch die Dörfer ziehen, setzen sich aus anderen Ständen zusammen. Die geistige Nahrung ist sehr oft lediglich eine rein geistliche. Man ist im allgemeinen sowohl in katholischen wie in protestantischen Kreisen sehr religiös und hält darauf, jeden Sonntag in die Kirche zu gehen, eine Sitte, der sich in kleinen Gemeinden selbst ausgesprochene Sozialdemokraten nicht entziehen. Weniger scheint man sich um die Vorgänge der Aussenwelt zu bekümmern, und in vielen Stickerwohnungen mag wohl das wöchentlich erscheinende Organ des Centralverbands die einzige Zeitung gewesen sein, bezw. noch sein, die man liest oder wenigstens hält. Denn die Politik, soweit sie sich ausserhalb der Landesgrenze abspielt, lässt einen guten Teil der Sticker kalt, und wenn sie in rein schweizerischen Fragen, wie der des Schächtverbots oder der allgemeinen unentgeltlichen Krankenpflege nicht durch den Mund der Abgeordneten, sondern selbst direkt ihr „Ja“ oder „Nein“ aussprechen müssen, so braucht man nicht besorgt zu sein, dass die Zeitungsschreiber ihr Urteil allzusehr beinflusst hätten. Die Sozialdemokratie und der mehr und mehr die gleichen Ziele verfolgende Grütliverein erfreuen sich bei ihnen keiner grossen Sympathien, sie sind mehr für den status quo und wünschen

---

[1] Siehe Quellenangabe No. 7, Heft 81/82 S. 37.

nur innerhalb desselben für sich ein möglichst erträgliches Dasein. Dass sie, wie schon früher einmal betont, bei Massnahmen, diesen Wunsch zu realisieren, eine gar nicht geringe Einsicht verrieten, wird uns die Geschichte des Verbandes noch näher zeigen.

Überhaupt ist einer allgemeinen Versumpfung und Verdummung durch die den einfachen Verhältnissen entsprechende politische Verfassung der Schweiz vorgebeugt. Ich denke hierbei weniger an die Ehrenämter in Gemeinde und Staat, bei deren Besetzung ja selbstverständlich nur der intelligentere Teil der Bevölkerung, der sich über das Gros erhebt, in Frage kommt, als vielmehr daran, dass doch eine Menge konkreter Fragen direkt an die Leute herantreten, die bei anderen staatlichen Einrichtungen durch Abgeordnete entschieden werden. Der Beantwortung derselben kann sich — in St. Gallen und Thurgau wenigstens — der einzelne infolge des Stimmabgabezwangs nicht entziehen, sieht sich vielmehr gezwungen, Stellung dafür oder dagegen zu nehmen. Mag er nun auch noch so beeinflusst oder gleichgültig sein, etwas nachdenken wird er immer, zumal es sich nicht um einen Kampf um Ideen, wie in erster Linie bei der Abgeordnetenwahl, sondern um die viel leichtere Entscheidung über einen einzigen praktischen Fall handelt.

VII. KAPITEL.

# SITTLICHE UND SANITÄRE EINFLÜSSE DER STICKEREI.

Über die sittlichen Einflüsse des Stickereiberufs lässt sich — man kann wohl sagen glücklicher Weise — nicht viel konstatieren. Dass die Verhältnisse hier besser liegen werden als anderwärts, wo mit der Einführung einer Industrie eine Konzentration der Bevölkerung stattfand, geht schon aus der Schilderung der Wohnungsverhältnisse hervor. Geklagt wird in manchen Schriften über den allzu intimen Verkehr zwischen Sticker und der in seinen Diensten stehenden Fädlerin. Es scheinen aber diese Klagen mehr in einer abstrakten Deduktion als in einer Beobachtung der Wirklichkeit ihren Grund zu haben. Ich habe diesen Verhältnissen überall meine Aufmerksamkeit geschenkt, und es wurde mir immer versichert, dass von einem wirklich auffälligen Übelstand in dieser Beziehung nicht die Rede sein könne. Selbstverständlich kommen Excesse vor, und Sticker und Fädlerin sehen dann manchmal Elternfreuden entgegen, ohne verheiratet zu sein. Aber das soll nicht häufiger als in anderen Berufen sein, und man legitimiert in den meisten Fällen das Kind, noch ehe es geboren ist, durch eine schnell geschlossene Ehe.

Für die Richtigkeit dieser Angabe spricht die geringe

Häufigkeit der unehelichen Geburten. Es betrug der jährliche Durchschnitt in den Jahren 1876—90:[1]

| | an Geburten | davon Uneheliche | in % |
|---|---|---|---|
| In St. Gallen | 6701 | 235 | 3,51 |
| „ Appenzell A. Rh. | 1820 | 60 | 3,30 |
| „ der Schweiz überhaupt | 260638 | 12650 | 4,85. |

Begründet erscheinen die namentlich in Appenzell A. Rh. oft ertönenden Klagen über zu frühe und unüberlegte Eheschliessungen. Zank und Streit sollen in solchen Ehen häufig sein, die Fähigkeit zur Führung eines Haushalts und zur richtigen Kindererziehung vollständig mangeln und Ehescheidungen nicht selten die Folge sein. Die Statistik zeigt, wie berechtigt diese Klagen sind. Es betrug der mittlere Jahresdurchschnitt[2]

| | | an Eheschliessungen | Ehescheidungen | in % |
|---|---|---|---|---|
| In St. Gallen | 1876—1880 | 1632 | 94 | 5,78 |
| | 1881—1885 | 1617 | 83 | 5,13 |
| | 1886—1890 | 1757 | 83 | 4,72 |
| In Thurgau | 1876—1880 | 748 | 60 | 8,02 |
| | 1881—1885 | 708 | 55 | 7,77 |
| | 1886—1890 | 769 | 46 | 6,01 |
| In Appenzell A. Rh. | 1876—1880 | 455 | 46 | 10,01!! |
| | 1881—1885 | 444 | 40 | 9,90 |
| | 1886—1890 | 434 | 30 | 6,90 |
| In der Schweiz überhaupt | 1876—1880 | 20740 | 994 | 4,81 |
| | 1881—1885 | 19708 | 927 | 4,70 |
| | 1886—1890 | 20592 | 882 | 4,29 |

Man ersieht deutlich aus diesen Zahlen, wie in den guten Jugendjahren der Stickerei (1876—85) die Ehescheidungen an der Tagesordnung waren. In Appenzell A. Rh. machten sie 10% der Eheschliessungen aus, während die Prozentzahl der ganzen Schweiz nur 4,81 betrug. Dass von den Stickerkantonen selbst St. Gallen eine so viel günstigere Ziffer als Appenzell A. Rh. und Thurgau hat,

[1] Quellenangabe No. 30, 3. Jahrg. S. 71 u. 72.
[2] Quellenangabe No. 30, 3. Jahrg. S. 69 u. 70.

lässt sich wohl zum Teil daraus erklären, dass infolge des längeren Bestehens der Industrie dort die Sticker durchschnittlich älter, über die Jahre leichtsinniger Eheschliessung also hinaus waren, hauptsächlich aber mag es seine Erklärung darin finden, dass der grössere Teil der Bevölkerung des Kantons katholisch ist, die Ehe also nur schwer getrennt werden kann.

Von den Einwirkungen, die das Sticken auf die Gesundheit hat, ist leider ziemlich viel Unerfreuliches zu berichten.

Schon anfangs der 70er Jahre, als der Erwerbszweig noch nicht lange geübt wurde, machten die Rekrutierungsärzte und noch mehr die in Stickereibezirken wohnenden Privatärzte auf die schädlichen Folgen des Stickens und Fädelns aufmerksam. Und wenn man sich die Art der Beschäftigung vergegenwärtigt: die halb sitzende, halb stehende Stellung, das Vorbeugen und Wiederaufrichten des Rumpfes beim Drehen der Kurbel, die ganz bedeutende Kraftanstrengung bei der Trittbewegung zum Lösen und Schliessen der Kluppen, die fortgesetzte Inanspruchnahme der Augen, letzteres namentlich auch bei der Fädlerin, wenn man sich das alles vor Augen hält, so können die ungünstigen Gesundheitsverhältnisse nicht überraschen. Die enge Brust, die beinahe sprichwörtlich gewordene Deformation der nach vorn gebeugten Kniee — er hat Kniee wie ein Sticker, sagt man — sind Erscheinungen, die auch dem Laien auffallen und in den Rekrutierungslisten sicherlich einen Ausdruck finden müssen. Diese Listen — aus den Jahren 1877—79 — liegen den Darstellungen Dr. Schulers zu Grunde.[1] Die Militärdiensttauglichkeit der Bevölkerung im allgemeinen zeigte damals in den drei Kantonen St. Gallen, Appenzell und Thurgau, verglichen mit anderen Teilen der Schweiz, ein mittleres Verhältnis, sie betrug 48%.[2] Dass

---

[1] Vergl. Quellenangabe No. 19.

[2] Das hat sich übrigens im Lauf der letzten Jahre zu Ungunsten der Sticker-Kantone verändert. In den Jahrgängen 1884—89 waren durchschnittlich von 100 definitiv Beurteilten untauglich:

In Appenzell A. Rh. 45

diese relativ günstige Ziffer aber nicht den Stickern zu verdanken ist, beweist uns ein Blick auf Einzelheiten. Während wegen mangelhafter Körperentwicklung im allgemeinen 25 % untauglich waren, stellten die Sticker allein betrachtet — hauptsächlich wegen allzu schlecht entwickelten Brustkorbes — 32,5 % zu diesem Kontingent. Ebenso übertraf die Zahl der wegen Herz- und Lungenkrankheiten vom Militärdienst befreiten Sticker die der anderen Berufe nicht unbedeutend. Auf 100 lungenkranke Sticker kamen nur 83 Lungenkranke anderer Berufe, und das Verhältnis bei den Herzkrankheiten stellt sich gar wie 100 : 54,33.

Besser als die Rekrutierungslisten, die ja nur die bedeutenderen chronischen Leiden und Fehler berücksichtigen, unterrichten uns die Aufzeichnungen der Krankenkassen. Es liegen in dieser Beziehung zwei Arbeiten vor,[1] die das mehr oder minder umfangreiche Material von Sticker-Krankenkassen nach den mannigfaltigsten Gesichtspunkten zusammengestellt und gesichtet haben.

Schuler und Burckhardt haben in ihrer gemeinsamen Arbeit unter anderem die Beobachtungen niedergelegt, die sie in vier Jahren an insgesamt 8831 männlichen und 1942 weiblichen Mitgliedern von Sticker-Krankenkassen gemacht haben. Von diesen Personen erkrankten jährlich 27,6 % männliche und 30,7 % weibliche gegenüber 29,1 % männlichen und 25,7 % weiblichen Personen aller beobachteten Berufsarten. Die Zahl der jährlich auf ein männliches Mitglied der Stickerkassen entfallenden Krankentage beträgt 6,12, die entsprechende Zahl bei weiblichen Personen 7,70 gegenüber 6,25, bezw. 6,47 der Allgemeinheit.

---

| | |
|---|---|
| In Appenzell I. Rh. | 45 |
| „ Thurgau | 40 |
| „ St. Gallen | 39 |
| „ der ganzen Schweiz | 37. |

Im gleichen Zeitraum waren von 100 untersuchten Stickern 43 % untauglich, also 6 % mehr, als von allen Berufsarten der Schweiz zusammen. Vergl. Quellenangabe No. 30, 2. Jahrg. S. 282 u. 292.

[1] Vgl. Quellenangabe No. 18 und No. 20.

Die Krankheiten, von denen die Sticker mehr als die übrigen Berufsklassen heimgesucht werden, sind folgende:

1. Krankheiten der Verdauungsorgane (Mund-, Zahn-, Magen-, Darm- und Leberkrankheiten). Es litten jährlich 9,99 % der Sticker daran, und nur die mechanischen Werkstätten mit 10 %, die Baumwollwebereien mit 10,34 % und die Papierfabriken mit 10,76 % zeigen hierin noch ungünstigere Verhältnisse.

2. Krankheiten der Atmungsorgane (Lungen-, Kehlkopf- und Brustkrankheiten). Hieran erkrankten jährlich 7,07 % der Sticker. Ungünstiger stellten sich nur mit 8,02 % die Beschäftigten in Papierfabriken und mit 7,68 % die Arbeiter in mechanischen Werkstätten.

3. Krankheiten der Bewegungsorgane (Knochen- und Gelenkkrankheiten, Rheumatismus). Die Sticker werden hier mit ihren 3,87 % nur von den Arbeitern in mechanischen Werkstätten, von denen 5,14 % jährlich erkrankten, übertroffen.

4. Krankheiten der Haut (Ausschläge, Abscesse). Die Sticker bleiben hier mit 2,42 % nur hinter den Arbeitern in den Färbereien und Bleichereien — 3,23 % — und den in mechanischen Werkstätten Beschäftigten — 3,28 % — zurück.

5. Krankheiten der Augen. Daran litten 1,47 % der Sticker, eine Zahl, dio von keiner der anderen Industrien erreicht wird und beinahe das Doppelte des Durchschnitts beträgt.

Betrachten wir einmal in Bezug auf diese Krankheiten Männer und Frauen, mit anderen Worten Sticker und Fädlerinnen besonders. Da ergiebt sich folgendes. Es erkrankten an Störungen der

| Krankheitsart | Sticker | Fädlerin |
|---|---|---|
| Verdauung | 9,63 % | 12,66 % |
| Atmung | 7,47 „ | 5,72 „ |
| Bewegung | 4,24 „ | 2,43 „ |
| Haut | 2,04 „ | 4,44 „ |
| Augen | 1,42 „ | 2,01 „ |
| Verletzungen | 1,82 „ | 0,30 „ |

Wir sehen also, dass die Fädlerinnen bei den Krankheiten der Verdauungsorgane, der Augen und der Haut das Bild ungünstig beeinflussen, während andrerseits die Neigung der Sticker zu Lungen-, Kehlkopf- und Brustkrankheiten noch vergrössert erscheint. So häufig auch die Krankheiten der Augen, namentlich auch bei Fädlerinnen auftreten, so wenig schwer sind sie; es sind hauptsächlich nur Erkrankungen der Lider und der Bindehaut. Die Verletzungen (Unfälle) sind zahlreicher, als sie die Tabelle aufweist; eine Menge der unter Hautkrankheiten aufgeführten Erkrankungen, wie der häufige Fingerwurm der Fädlerinnen, sind nämlich auf Verletzungen – Verwundungen durch Nadeln – zurück zu führen.

Interessant ist – verglichen mit obigen Darstellungen – ein Blick auf die Dauer der einzelnen Erkrankungen. Diese betrug in Tagen bei Krankheiten der

| Krankheitsart | nach Schuler | nach Greulich[1] |
|---|---|---|
| Verdauung | 15,6 | 18,8 |
| Atmung | 25,5 | 29,2 |
| Kreislauf | 47,8 | 37,5 |
| Bewegung | 21,1 | 23,1 |
| Haut | 14,3 | 13,9 |
| Augen | 21,4 | 17,7 |
| Verletzungen | 20,8 | 21,1 |

Nicht uninteressant ist auch der Prozentteil der einzelnen Krankheitsart an der Gesamtzahl der Erkrankungsfälle. Es entfallen nach Greulich auf 100 Krankheitsfälle

| | | | |
|---|---|---|---|
| Erkrankungen | der | Verdauungsorgane | 26,5 % |
| „ | „ | Atmung | 20,5 „ |
| „ | des | Kreislaufs | 1,3 „ |
| „ | der | Bewegung | 14,3 „ |
| „ | des | Nervensystems | 4,1 „ |
| „ | der | Haut | 6,6 „ |

[1] Greulich lagen in 12 Jahresreihen zusammen 44,666 Verbandsmitglieder, also bedeutend mehr als Schuler und Burckhardt zum Vergleiche vor.

| | |
|---|---|
| Erkrankungen der Augen | 3,6 % |
| " " Harnorgane | 1,5 " |
| Ansteckende Krankheiten | 1,8 " |
| Konstitutionelle Krankheiten | 1,9 " |
| Verletzungen | 7,2 " |
| Verschiedene Krankheiten (Fieber, Geschwulst) | 10,7 " |

Einige besondere Krankheiten sind hierbei folgendermassen beteiligt:

| | |
|---|---|
| Lungenentzündung | 2,5 % |
| Lungenkatarrh | 6,7 " |
| Lungenleiden | 1,8 " |
| Magenkatarrh | 10,6 " |
| Darmkatarrh | 2,5 " |
| Rheumatismus | 8,1 " |

Wir wollen noch mit einem Wort auf die Todesursachen der Sticker eingehen. Das statistische Material ist allerdings gering, Greulich lagen nur 196 Sterbefälle zur Vergleichung vor. Davon hatten 94, also 48 %, ihre Ursachen in Krankheiten der Atmungsorgane. Es zeigt sich hier also noch viel auffälliger als aus den Rekrutierungslisten oder aus der Statistik der Krankheitsfälle, welche Gefahren der Stickereiberuf für die Atmungsorgane in sich birgt. Die zahlreichen Erkrankungen der Verdauungsorgane scheinen indes viel seltener tödlich zu verlaufen, hier machen die Todesfälle nur 10 % der Gesamtzahl aus, während die Prozentziffer bei den Erkrankungen 26,5 beträgt.

Zum Schlusse ist noch zu erwähnen, dass eine im Jahr 1887 vorgenommene statistische Erhebung ein Durchschnittsalter der Sticker von 32 Jahren ergab.

Betrachten wir nun, in wie weit und in welcher Art sich die Arbeiter unserer Industrie gegen eintretende Krankheit versichert haben.[1] Die Fädlerinnen müssen wir bei

---

[1] Es muss hier bemerkt werden, dass die Krankenversicherung in der Schweiz bis jetzt noch freiwillig ist. In nächster Zeit wird sie

dieser Betrachtung allerdings ausscheiden, da über diese Klasse das Material fehlt. Sicher ist von ihnen nur, dass sie selten in Krankenkassen sind.

Was die Sticker anbetrifft, so waren nach einer im Jahre 1887 aufgenommenen Statistik von 18 509 Arbeitern

| einfach versichert | doppelt versichert | nicht versichert |
|---|---|---|
| 7146 | 2197 | 9166. |

Es waren also nur $^1/_2$ % über die Hälfte der Sticker versichert. Hierbei sind nun Fabrik- und Einzelsticker nicht getrennt, aber nach Eindrücken, die ich an Ort und Stelle gewonnen habe, dürfte sich die Ziffer für die Hausindustriellen allein besser stellen.

Die Versicherungskassen beruhen entweder auf berufsgenossenschaftlicher oder lediglich auf lokaler Basis. Letzteres scheint besonders häufig im Thurgau zu sein, wo die sich an die Gemeindeorganisation anlehnenden Kassen von der Art der Beschäftigung ihrer Mitglieder ganz absehen. In den alten St. Gallischen Stammsitzen der Maschinenstickerei bestehen gewöhnlich nur reine Stickerkrankenkassen, die aber auch, selbst wo sie nur Sektionen einer Centralkasse bilden, gemeindeweise organisiert sind. Wohl alle diese Kassen haben in ihren Statuten die Bestimmung, dass ihre Mitglieder höchstens noch einer anderen Kasse angehören dürfen. Der monatliche Beitrag beträgt gewöhnlich 1 Fr., die tägliche Unterstützung im Krankheitsfall gleichfalls 1 Fr. auf die Dauer von 6 Monaten, wobei aber für Sonntage nichts bezahlt wird. Die grösste dieser Kassen ist der im Jahre 1869 in St. Gallen gegründete „Centralverband der Krankenunterstützungs-Vereine der Sticker". Die Zahl der Mitglieder betrug 1891: 5778 in 54 Sektionen. Der Zweck des Verbandes, den er allerdings bis jetzt nicht ganz erreicht hat, ist „alle bestehenden und noch zu gründenden Krankenunterstützungs-Vereine für Sticker in

allerdings obligatorisch werden, da 1890 das Schweizer Volk sich für einen Verfassungsartikel entschieden hat, der den Bund beauftragt, die Kranken- und Unfallversicherung auf dem Wege der Gesetzgebung zu regeln.

einen Vereinsbund zu schliessen, um ihre Existenz- und Leistungsfähigkeit auf Grundlage der Gegenseitigkeit zu sichern und jedes einzelne Mitglied in ununterbrochener Genussberechtigung zu halten". Der Schwerpunkt des Vereins liegt in den Sektionen, die ihre Statuten und Mitgliederbeiträge in der Hauptsache ordnen, wie es ihnen beliebt. Die Centralkasse, die jährlich 50 cents pro Mitglied erhebt, ist nur eine Rückversicherung für die einzelnen Sektionen, denen sie beispringt, sobald diese ihre Verpflichtungen nicht mehr erfüllen können. Die Höhe der dem Patienten in den ersten sechs Tagen zu gewährenden Entschädigung wird dem Ermessen der Sektionen überlassen, von da an beträgt sie 12 Fr. per Woche und 2 Fr. per versäumten Werktag. Die Summe der Unterstützungen steht im Verhältnis zur Dauer der Mitgliedschaft; so erhält z. B. ein Mitglied, das innerhalb der ersten 6 Monate nach dem Eintritt erkrankt, im Maximum 200 Fr., während ein solches, das während des dritten Jahres nach dem Eintritt krank wird, Anspruch auf eine Maximalunterstützung von 500 Fr. hat. — Ein Hauptwert des Verbandes besteht darin, dass beim Verziehen ein Mitglied ohne weiteres aus der einen in die andere Sektion übergehen kann.

Das Gesamtvermögen der Sektionen betrug Ende 1891: 128 425 Fr., die Einnahmen der Sektionen im gleichen Jahre 76 492 Fr., die Ausgaben 64 486 Fr. Der Vermögensbestand der Centralkasse stellte sich zu dem gleichen Zeitpunkt auf 20 958 Fr., die Einnahmen von 1891 auf 4632 Fr. gegenüber 1971 Fr. Ausgaben. Von 1872—1891 wurden 38 Sektionen mit 18 297 Fr. von der Centralkasse unterstützt. Die von den Sektionen gewährte Krankenunterstützung betrug von 1870—1891: 509 801 Fr.

Neben den Krankenvereinen, in der Regel als Anhängsel an dieselben, bestehen noch Sterbevereine, die beim Todesfall eines Mitglieds an die Hinterlassenen eine gewisse Summe zahlen. Dieselben haben aber lange nicht die Bedeutung der Krankenkassen erlangt. So zählte 1891 der an den Centralverband der Krankenunterstützungsvereine angegliederte Sterbeverein 1700 Mitglieder.

VIII. KAPITEL.

# DIE VERBÄNDE DER EINZELSTICKER.

Die Versuche der Einzelsticker, auf dem Wege der Vereinigung eine Steigerung ihrer Einnahmen zu erzielen, sind mannigfacher und teilweise sehr interessanter Natur.

Der erste Verband mit derartigen Zwecken war die von 22 Stickern im Jahre 1872 gegründete „Produktivgenossenschaft für mechanische Stickerei". Ihre wenigen Mitglieder beabsichtigten die Fabrikation im Dienste der Kaufleute, also die sogenannte Lohnstickerei zu betreiben. Sie wollten nicht selbst exportieren, sie beabsichtigten nur den Fabrikanten zu eliminieren und dessen Gewinn, den sie auf 40 % des Verkaufspreises veranschlagten, in die eigene Tasche zu stecken. Sie scheinen aber damit kein rechtes Glück gehabt zu haben; schon 1873 mussten sie sich gestehen, dass ihre Hoffnungen – namentlich, wie es scheint, in Bezug auf die Intelligenz ihrer Genossen — getäuscht seien. Die Genossenschaft ist dann, ohne jemals wieder in der Öffentlichkeit von sich reden zu machen, eingegangen.[1]

Weit bedeutender auf diesem Gebiet, weniger allerdings, was Erfolg, als was Zahl der Teilnehmer anbetrifft, ist die 1892 gegründete „Vorarlberger Stickereigenossenschaft". Sie umfasste in dem ersten Jahre ihres Bestandes

[1] Vergl. Quellenangabe No. 22, II, S. 265 ff.

über 1200 Maschinen der Hausindustrie. Die Absicht, die angeblich verfolgt wird, ist, die Sticker an dem Geschäftsgewinn zu beteiligen. Die Vereinigung ist eine Produktivgenossenschaft im weiteren Sinne des Wortes, indem die Produktionsmittel Eigentum des einzelnen bleiben und neben Arbeitern auch Kapitalisten beteiligt sind.

Jeder Einzelsticker kauft nämlich einen Anteilschein von 250 Fr., auf Grund dessen er ganz wie jeder andere Aktionär an dem Reingewinn participiert. Bei der Zurückhaltung und Geheimniskrämerei, die man gegenüber meinen Fragen beobachtet hat, kann ich leider über die speziellen Prinzipien bei dieser Gewinnverteilung nur wenig sagen, vor allem ist mir auch unbekannt, in welcher Höhe Kapitalisten einer- und Arbeiter andrerseits am Aktienkapital beteiligt sind. 1893 wurde der Gewinn nicht statutengemäss verteilt, die Kapitalisten traten etwas von ihrem Anteil an die besten Arbeiter ab, weil man, wie ein Sticker meinte, sah, dass die Sache „sonst doch gar zu unverschämt sei". Der Zulauf zu der Genossenschaft im ersten Jahre lag vielleicht weniger in ihr selbst als in der Abneigung gegenüber den Schweizer Arbeitgebern, die an dem ganzen damaligen Unglück der Stickerei schuld sein sollten. Emancipation des Vorarlbergs war der Ruf, der durch das Land schallte, und diese Loslösung von der Schweiz schien bei der Zurückhaltung der vorarlbergischen Kapitalisten eben nur auf dem Wege der genossenschaftlichen Organisation möglich zu sein. Es gelang die Idee einer derartigen Vereinigung in Einzelstickerkreisen schnell populär zu machen, indem man die Beseitigung der Abzüge versprach. Man glaubte nämlich ganz auf sie verzichten zu können, wenn man von vornherein etwas niedrigere Löhne zahlte. Wenn auch dieser Glaube irrig war — das System musste schliesslich dahin führen, dass die besseren Arbeiter der Genossenschaft den Rücken kehrten, und nur die Pfuscher zurückblieben — fand die Idee doch damals allgemeinen Anklang.

Die Genossenschaft, die teils selbst exportiert, teils das Platzgeschäft und die Lohnstickerei betreibt, ist schon im zweiten Jahre ihres Bestehens auf die Hälfte ihrer Mitgliederzahl zurückgegangen, und im Frühjahr 1894 sprach man viel von Auflösung, zu der es aber vor der Hand noch nicht gekommen ist. Die Geschäftsleitung scheint nach dem, was in die Öffentlichkeit gedrungen ist, nicht in besonders guten Händen zu liegen.

Auf ganz anderen Prinzipien war der grosse „Centralverband der Stickerei-Industrie der Ostschweiz und des Vorarlbergs“ aufgebaut. Ich sage „war“, denn obwohl der Verband noch besteht, so ist er doch jetzt, nach den grossen Austritten 1891 und 1892 und der sich daran anschliessenden Statutenänderung kaum noch ein Rudiment des früheren Verbands geblieben. Die Ziele, die er erstrebte, vor allem aber die Mittel, die er zur Erreichung dieser Ziele anwandte, waren so eigenartig, die Zahl seiner Mitglieder — er umfasste fast alle Interessenten — so bedeutend, dass man verstehen kann, wie das Interesse an dieser Schöpfung sich weit über die Grenzen der Schweiz und des Vorarlbergs hinaus erstreckte. Während die beiden sogenannten Produktivgenossenschaften, die wir eben kennen lernten, in der Beseitigung gewisser, bis dahin in der Industrie notwendiger Glieder, der Kaufhäuser, Fabrikanten und Fergger, ihr Glück zu finden glaubten, ist der Centralverband nie darauf ausgegangen, Kapital und Arbeit durch Vernichtung grosser Interessengruppen zu vereinigen. Seine Absicht war nur, all diese Gruppen, deren jede einzelne auch in ihm bestehen blieb, zusammenzufassen, um durch gemeinsames Vorgehen im allgemeinen die gesamte Stickerei-Industrie zu heben und im speziellen die Lage der Maschinenbesitzer zu verbessern. In dem schon gelegentlich einmal citierten § 2 der Centralstatuten heisst es: „Der Verband bezweckt einerseits der Überproduktion in der Stickerei-Industrie vorzubeugen, andrerseits bessere Lohnverhältnisse zu erzielen und im allgemeinen durch alle zweckdienlichen Massnahmen an der Hebung der Stickerei-Industrie und der Erhaltung derselben auf gesunder Basis mitzuarbeiten“.

Die Organisation, Massnahmen und Geschichte der Vereinigung sollen im folgenden kurz geschildert werden, um dann zu zeigen, inwieweit die verfolgten Zwecke erreicht wurden.

Vor allem fällt eins auf, wenn man sich die Interessenkreise betrachtet, aus denen sich der Verband zusammensetzte. § 4 der Centralstatuten besagt: „Mitglied des Verbands kann jeder Maschinenbesitzer oder Maschinenpächter und jeder Arbeitgeber der Stickerei-Industrie werden", das heisst also, um von oben anzufangen, jeder Kaufmann, Fabrikant, Fergger und Einzelsticker, nicht aber die grosse Masse der Fabriksticker, deren es bei der Gründung der Vereinigung ungefähr 9500 gab. Warum waren diese nicht im Verband, der doch ausdrücklich betonte, „bessere Lohnverhältnisse erzielen" zu wollen? Daran waren doch die Fabriksticker so gut wie die Einzelsticker interessiert. Die Behauptung massgebender Führer in der Gründungsbewegung, „die Interessengemeinschaft allein schon liesse ein Mithineinbeziehen dieses Elementes in den Centralverband nicht zu" [1], ist nicht recht verständlich, denn wie wir früher gesehen haben, fehlt dem Einzelsticker so gut wie jedes Charakteristikum des Unternehmers, und besteht zwischen ihm und dem Arbeitgeber auch in keiner Hinsicht mehr Interessengemeinschaft als zwischen Fabrikant und Fabriksticker. Auch der Glaube, „dass mit der Verbesserung der Lage der Maschinenbesitzer die der Fabriksticker Hand in Hand gehe" [2], ist keine Erklärung für die auffallende Thatsache. Ich neige stark der Ansicht zu, dass der Ausschluss der Fabriksticker auf stilles Betreiben der Kaufmannschaft und namentlich der Fabrikanten erfolgt ist. Diese wussten wohl, wo die eigentliche Interessengemeinschaft lag, dass sie zwischen Einzelstickern und Fabrikstickern bestand, sie fürchteten aber für sich und ihre Interessen, wenn diese zwei mächtigen Gruppen im Verband vertreten wären. Die geringe Rührigkeit und Gleichgültigkeit der Fabriksticker im Anfange der Bewegung, wie auch der Umstand, dass zwischen Einzel- und Fabrikstickern von altersher eine gewisse Anti-

[1] Vergl. Quellenangabe No. 12, Jahrg. 1886, No. 27.
[2] Vergl. Quellenangabe No. 12, Jahrg. 1889, No. 21.

pathie bestand, kam den Arbeitgebern dabei allerdings sehr zu statten.

Nur mit Mühe erreichten die Sticker in Fabriken später, als sie sich eigens organisiert hatten, eine lose Angliederung an den Verband, indem man ihnen die Segnungen desselben teilweise gewährleistete, ohne sie aber zu Mitgliedern zu machen.

Die eigentliche Organisation war nun folgende. Der Verband, der seinen Sitz in St. Gallen hatte, bestand aus Sektionen, die von Verbandsmitgliedern einer oder mehrerer Gemeinden — mehrerer, wo diese sehr klein waren — gebildet wurden. Die Sektion wählte die Sektions-, Kontroll- und Rechnungskommission, sowie die Abgeordneten zur General- (Delegierten-) Versammlung und zwar bei hundert und weniger Mitgliedern einen, für jedes volle nächste Hundert einen weiteren Vertreter. Die Sektionskommission mit dem Sektionsvorstand an der Spitze war im Rahmen der Sektion das ausführende Organ der Centralleitung, mit der sie sich in die strafende Gewalt teilte. Die Kontrollkommission hatte darüber zu wachen, dass die Verordnungen des Centralkomitees auch wirklich durchgeführt wurden. Die Funktionen der Rechnungskommission erhellen aus dem Namen der Behörde.

Die Gesetzgebung des Verbands lag in den Händen der Delegiertenversammlung, die sich jährlich mindestens einmal zu einer ordentlichen Versammlung zusammenfinden musste. Dem Buchstaben nach gab sie wohl die Gesetze, de facto aber war die vorberatende Behörde, der auch die exekutive Gewalt übertragen war, das Centralkomitee, hierin ausschlaggebend. Dieses wurde von der Delegiertenversammlung gewählt und bestand ausser dem Präsidenten, der eine an der Stickerei-Industrie nicht direkt interessierte Persönlichkeit sein musste, aus 20 Mitgliedern. Diese wurden nach zwei Gesichtspunkten gewählt, 15 wurden als Vertreter von Landesteilen, 5 als Vertreter der Kaufmannschaft ernannt. Es waren also nur die Kaufleute, die eine spezielle Interessenvertretung hatten. Aus welchen Gruppen die 15 anderen Mitglieder des Centralkomitees genommen wurden, war vollständig in das Belieben der Delegiertenversammlung gestellt, die hierbei nur an die Bestimmung gebunden war, dass der Kanton St. Gallen 5, Thurgau 4, die beiden Appenzell je 1, Zürich 1 und Vorarlberg 3 Repräsentanten hatte. So merkwürdig dieser Wahlmodus zuerst erscheinen mag, so hat er doch seine Berechtigung. Einmal waren auf diese Weise die Kaufleute überhaupt nur für den Verband zu haben gewesen, aber selbst wenn sie sich diese Vorzugsstellung nicht ausbedungen hätten, hätte man sie ihnen wohl geben müssen. Die Gefahr lag sonst zu nahe, dass Beschlüsse gefasst wurden, die den ganzen Verband sehr in Frage gestellt hätten. Denn die Centralverwaltung eines solch komplizierten Apparates bedurfte durchaus der Beratung von Leuten, die den Gang der Industrie überschauen konnten. Dazu war aber in der That niemand besser imstande als die Kaufleute.

Wohl manche werden meinen, dass infolge dieser Vorzugsstellung des Kaufmannstandes der Verband schliesslich dieser Gruppe die meisten Vorteile gebracht habe. Wenn auch letzteres, wenigstens in Bezug auf einen gewissen Teil der Kaufleute, durchaus zutreffend ist, so glaube ich doch, dass dies nicht an der Art der Vertretung, sondern an andern Verhältnissen lag, die der Verband, so wie er nun einmal war, nicht hätte ändern können.

Die Aufgabe des Centralkomitees war: die Geschäfte für die Generalversammlung vorzubereiten, deren Beschlüsse zu vollziehen und die hierfür nötigen Verordnungen zu erlassen. Ferner hatte es die Durchführung der Kontrolle über die Einhaltung der Verbandsvorschriften in den Sektionen zu überwachen und konnte vorgefundene Missstände mit Geldbusse oder Auschluss bestrafen. Es setzte die Dauer der täglichen Arbeitszeit fest und bestimmte, wie diese Stunden auf den Tag verteilt werden sollten. Ausserdem wählte es noch die Experten und Richter der Verbandsgerichte mit Ausnahme der Rekurskommission, welche der oberste Gerichtshof in Strafsachen war und von der Delegiertenversammlung ernannt wurde.

Die eben erwähnten Verbandsgerichte bestanden in

dem Fachgericht bei Anständen zwischen Arbeitern und Arbeitgebern im Stichwarenverkehr, in dem Fach- resp. Schiedsgericht für Musterschutz und in dem Fachgericht für Anstände im Maschinenverkehr. Sie wurden aus 3 bezw. 5 Richtern, die aus den verschiedenen Interessengruppen gewählt waren, gebildet. — Dies ist in kurzem die Organisation gewesen.

Was die Beiträge anlangt, die entrichtet werden mussten, so betrug der an die Centralkasse zu leistende Jahresbeitrag 1 Fr. für jede Maschine, im Maximum 20 Fr. Nichtbesitzer von Stickmaschinen bezahlten jährlich 10 Fr. Ausserdem fiel das Eintrittsgeld in die Centralkasse. Es war in den ersten Monaten nach der Verbandsgründung nur unbedeutend, um den Eintritt möglichst zu erleichtern, wurde aber bald namhaft erhöht. Zuletzt betrug es 30 Fr. für alte, 400 Fr. für neue Maschinen und musste übrigens für jede neue Maschine, sofern sie nicht lediglich eine abgenutzte ersetzte, bezahlt werden, ganz einerlei, ob der Besitzer schon Verbandsmitglied war oder nicht. Ausser diesen Beiträgen wurde noch von jedem Mitglied jährlich 1 Fr. erhoben, wofür es das wöchentlich erscheinende Verbandsorgan, die trefflich redigierte „Stickerei-Industrie" zugestellt bekam. Die Sektionen erhoben keine Beiträge, sie erhielten sich von den Bussengeldern, die sie mit der Centralkasse teilten.

Es mögen hier einige Zahlen Platz finden. Es betrugen

| | die Einnahmen | die Ausgaben | das Vermögen der Centralkasse |
|---|---|---|---|
| 1889: | 77 436 Fr. | 76 096 Fr. | 136 826 Fr. |
| 1890: | 52 766 „ | 53 593 „ | 135 998 „ |
| 1891: | 99 261 „ | 64 538 „ | 170 722 „ |
| 1892: | 52 681 „ | 84 599 „ | 110 292 „ |

Betrachten wir nun einmal die Massnahmen, die der Verband zur Erreichung des erstrebten Ziels traf.

Die erste Bestimmung, die er erliess, betraf den „ausschliesslichen Verbandsverkehr". „Im Gebiete des Centralverbandes ist jeder geschäftliche Verkehr, sei es in Stich-arbeit oder in Kauf, Verkauf, Tausch von Stickereien welcher Art immer den Mitgliedern nur unter sich gestattet. Es ist demnach jeder diesbezügliche Verkehr mit Personen und Firmen, welche im Verbandsgebiet wohnen, Geschäfte in Stichwaren oder Stickereien gewerbs- oder berufsmässig betreiben, dem Verband aber nicht angehören, durchaus untersagt." Für den Verkehr mit Sachsen, das teilweise für den St. Gallischen Markt arbeitete, und wo ein ähnlicher Verband bestand, galten die gleichen Bestimmungen.

Es war diese Vorschrift über den ausschliesslichen Verbandsverkehr in sofern die wichtigste Massregel, als ohne sie der Verband nie jene bedeutende Macht erlangt hätte, die er besass, und als dann vor allem alle übrigen Vorschriften ohne Wert gewesen wären. Denn ohne diesen Paragraphen würden die zahlreichen widerstrebenden Elemente von Anfang an gar nicht beigetreten sein, wie auch jedes Mitglied, dem einmal diese oder jene Bestimmung nicht gepasst hätte, dem Verband sofort den Rücken gekehrt haben würde. So unerlässlich daher die Verfügung auch war, so war sie doch nur das notwendige Mittel, um die vielen anderen Bestimmungen, die direkt die Zwecke des Verbands im Auge hatten, zu stützen und wirksam zu machen. Gehen wir jetzt auf letztere näher ein.

Vor allem sah man — und mit Recht — das grösste Übel in der Überproduktion. Das letzte „tolle" Jahr 1882 hatte eine Vermehrung der Maschinenzahl weit über den Bedarf hinaus im Gefolge gehabt. Es war ja keineswegs eine verminderte Nachfrage der Absatzländer — namentlich wies Amerika um diese Zeit einen immer noch steigenden Import an Maschinenstickereien auf — es war lediglich die planlose Neuaufstellung von Maschinen von seiten der Einzelsticker gewesen, was diese Verhältnisse hervorgerufen hatte. Die Sache wurde je länger, je schlimmer, indem die Heimarbeiter den Preisdruck, den sie zum guten Teil selbst mit verschuldet hatten, durch gesteigerte Leistungen auszugleichen suchten, damit aber den eigentlichen Keim des Übels, die Überproduktion, nur vergrösserten. Man hoffte allgemein auf eine Besserung nur dann, wenn der elfstündige Arbeitstag, der in den Fabriken durch Staatsgesetz galt, durch freie Vereinbarung auch auf die Hausindustrie ausgedehnt würde. Ein dahingehender Beschluss war eine der ersten Massnahmen des Verbands, während man nebenher noch durch ein hohes Eintrittsgeld — 200 später 400 Fr. pro Maschine — der Neuaufstellung von Stickstühlen entgegen zu wirken suchte.

Die Ansicht, dass durch kürzere Arbeitszeit eine Produktionsverminderung herbeigeführt werde, ist übrigens hinsichtlich der Maschinenstickerei keineswegs unangefochten. Namentlich sind und waren es die Fabrikinspektoren, die gestützt auf Untersuchungen einiger Fabrikanten entgegen der landläufigen Ansicht behaupteten, der 11stündige Maximalarbeitstag bringe keinen Ausfall in der Produktion, der Arbeiter leiste infolge gesteigerten Fleisses dasselbe wie früher. Wenn nun aber die berufensten Kreise nach siebenjährigem Bestand des Fabrikgesetzes, wo sie doch dessen Wirkung genau kennen mussten, für die elfstündige Arbeitszeit behufs Verminderung der Überproduktion eintraten, so scheint mir dadurch bewiesen zu sein, dass thatsächlich in der Stickerei in kürzerer Zeit nicht dasselbe geleistet werden kann als bei längerer Arbeitsdauer. Die Rechnung eines Verbandsfreundes freilich dürfte diesen Ausfall zu hoch veranschlagen, wenn sie folgendermassen verfährt: 11000 Maschinen × 2 Stunden × 300 Arbeitstage = 6600000 Mehrmaschinenstunden jährlich, was wieder gleich der Jahresleistung von 2000 Maschinen sein würde. So gross war der Ausfall sicherlich nicht, denn das hat man allgemein beobachtet, dass Fabrik- wie Einzelsticker nach Verkürzung der Arbeitszeit viel eifriger am Stickstuhl waren als früher. Wird sich also ziffernmässig auch kaum ausdrücken lassen, wie gross der Nutzen war, so zweifelte doch damals und später niemand daran, dass ein solcher wirklich eingetreten ist.

Fast ebenso interessant als diese Frage ist die: Wie war bei dieser weitverzweigten Industrie die Kontrolle organisiert? hatte man überhaupt Garantien, dass sich isoliert wohnende Einzelsticker an derartige Bestimmungen kehrten?

Die oberste Kontrollbehörde war der Verbandsinspektor, der wohl sehr gefürchtet aber bei der grossen territorialen

Ausdehnung der Industrie unmöglich imstande war, seine Aufgabe allein zu erfüllen. Deshalb lag auch, wie gelegentlich schon bemerkt, der Schwerpunkt der Kontrolle bei den Sektionen. Eine eigene Kontrollkommission, deren Stärke sich nach der Grösse des Sektionsgebietes richtete, hatte hauptsächlich über die Innehaltung der Arbeitszeit zu wachen. Freilich war, wie die Klagen der Verbandsleitung beweisen, die Überwachung in manchen Sektionen mehr als prekärer Natur, aber im allgemeinen scheinen doch die Vorschriften beachtet worden zu sein, dafür sorgte schon die Kontrolle der Einzelsticker unter einander. Übertretungen waren ja auch thatsächlich leicht zu bemerken, der geräuschvolle Gang der Maschine, die während eines grossen Teils der Arbeitszeit im Winter notwendige künstliche Beleuchtung des Sticklokals wurden ja leicht zum Verräter. Da allerdings, wo sich vom Sektionsvorstand bis zum letzten Mitglied jeder über die Vorschriften wegsetzte, wie dies vorgekommen ist, war eine Anzeige und Bestrafung der Missethäter schon schwerer. — Was die Strafen anbetrifft, so waren diese in Anbetracht des schmalen Verdienstes nicht gering, sie schwankten zwischen 2 und 30 Fr.

Die Beschränkung der Arbeitszeit hat übrigens, wenn auch nicht direkt beabsichtigte, so doch äusserst günstige sanitäre Folgen gehabt. Das Arbeiten in die Nacht hinein, ja die Nacht hindurch, von dem uns die Berichte der Behörden so viele Beispiele erzählen, hatte nun ein Ende erreicht zum Segen des Stickers und vor allem seiner Frau und Kinder. Bei letzteren war nunmehr die Thätigkeit als Fädler auf ein Minimum herabgedrückt, da sie jetzt höchstens am Spätnachmittag ein paar Stunden zur Arbeit herangezogen werden konnten.

Eine Massregel, von der man sich den grössten Erfolg für den Arbeiter versprach, war die Festsetzung eines bestimmten Minimallohnes für alle Stickereien, die nicht zu den Spezialitäten gehören. Es sollte dieser Minimallohn für die Einzelsticker gewissermassen eine Gegengabe dafür sein, dass sie in eine Verkürzung der Arbeitszeit eingewilligt hatten, und dadurch ihnen, die in ihrer Vereinzelung Preisdrückereien nur zu leicht nachgaben, bei der reduzierten Arbeitszeit wenigstens der gleiche Verdienst gesichert werden, den sie bei der bisherigen freien Verwendung ihrer Kräfte erzielt hatten. Wie die Bestimmungen über den ausschliesslichen Verbandsverkehr und den Maximalarbeitstag, bildete auch der Minimallohn einen der Grundpfeiler des Verbands.

Wenn irgend eine Industrie, so war es die unsrige, in der ein derartiger Versuch nicht schon an der technischen Unmöglichkeit scheitern musste. Man denke sich nur einmal die Einführung eines Minimalstücklohnes — denn Zeitlohn kann bei der Organisation der Arbeit doch nicht in Betracht kommen — z. B. in der Spielwarenindustrie. Nach welchen Gesichtspunkten soll da ein Mindestlohn festgelegt werden, wo jeder Artikel individuell ist und meist sehr schnell wieder vom Markt verschwindet? Und andrerseits vergegenwärtige man sich den Massstab, nach dem in der Stickerei gelohnt wird, ein Massstab, der doch im Grunde sehr einfach ist. Denn im allgemeinen wird nach der Anzahl der gemachten Stiche gezahlt. Beeinflusst wird ja dieser Modus nur durch den Rapport, den Feinheitsgrad und den grösseren oder geringeren Verbrauch des Garns. Den Rapport zu berücksichtigen macht wenig Schwierigkeiten, es existieren nur vier solcher Rapporte, der ganz seltene $^{3}/_{4}$ und $^{5}/_{4}$, der häufigere $^{6}/_{4}$ und der fast 75 % aller Maschinen umfassende $^{4}/_{4}$ Rapport. Man brauchte also bloss für diese 4 Arten je einen besonderen Minimallohn festzusetzen. Schwieriger allerdings war die Sache mit dem Garnverbrauch, der bei den Grobstickern ja so ausserordentlich ins Gewicht fällt. Zwischen grobstichigen und feinstichigen Mustern können die Auslagen für Garn bei 100 Stich um 5 cents differieren. Das würde per Tag mindestens einen Unterschied von 1 Fr. im Lohne machen, also einen Ausfall des Nettoverdienstes um annähernd ein Drittel ergeben. Im Anfang liess man diesen wichtigen Faktor vollkommen ausser Betracht, bis aus Stickerkreisen heraus immer lauter der Ruf nach seiner Berücksichtigung erschallte. Der Glaube, der wohl anfangs herrschen mochte, dass grobe Muster von selbst bessere Preise erzielen würden, erwies sich eben als irrig, indem der Minimallohn eine unverkennbare Tendenz zum Normallohne annahm. Die Kaufleute gaben jetzt nämlich nur noch Arbeit aus, wenn der Fergger neben jedem Posten kurzstichiger Muster auch unvorteilhafte Ware zu dem Minimallohn übernahm. Den Schaden trug der Grobsticker, der günstige Muster ja schon seiner Unfähigkeit wegen nie erhielt. Der Missstand steigerte sich mehr und mehr, denn die Musterverschlechterung machte immer grössere Fortschritte, teils hervorgerufen durch die geringe Kaufkraft des letzten Konsumenten — kann man doch beinahe sagen, dass jede Magd gestickte Unterkleider trägt — teils veranlasst durch die Kaufleute, die eben infolge des Minimallohns ein feines, vielstichiges Muster ganz unverhältnismässig teurer bezahlen mussten als ein grobes. Das Verlangen nach Abhülfe förderte nach unendlichen Beratungen die sogenannte Musterklassifikation zu Tage, das heisst die Abstufung der Muster nach dem Garnverbrauch und die Festsetzung eines dementsprechenden Preiszuschlags. Es zeigte sich hier, wo der Laie gar keine so grossen Schwierigkeiten vermutet, dass es fast unmöglich ist, ein einfaches, vollständig gerechtes und nicht leicht zu umgehendes System zu finden. So wurden infolge eines Preisausschreibens, das man 1886 veranstaltete, wohl 20 Arbeiten, darunter aber keine einzige genügende geliefert. Indes kam die Frage nicht zur Ruhe. 1888 konnte endlich eine diesbezügliche Vorlage in Kraft treten, aber auch nur unter dem Widerspruch eines Teils der Kaufleute, trotzdem, wie der vierte Jahresbericht des Centralverbands sagt, die Vorzüge der Vorlage in der Bescheidenheit der durch sie bezweckten Preissteigerung lagen.

Die Höhe des Zuschlags, sowie die Gesichtspunkte, nach denen dieser Zuschlag erhoben wurde, haben sich im Lauf der Zeit mehrmals geändert, ein Beweis für die Schwierigkeit des Problems.

Treten wir einmal der Frage näher, ob der Minimallohn dem Arbeiter die Vorteile gebracht hat, die man von ihm erwartete. Man kann das ruhig verneinen. In den ersten Jahren des Verbands, wo die Marktverhältnisse noch relativ gut waren, hat er oft eine steigende Bewegung der Löhne verhindert, in den späteren schlechten Zeiten wenig genützt, da es da für viele überhaupt keine Arbeit gab. Und andrerseits hat er nicht wenig dazu beigetragen, dass die Abzüge und Retouren eine früher nicht gekannte Ausdehnung gewinnen konnten trotz der Institutionen, die gerade der Verband zur Verhinderung dieser Übel schuf. Ein früherer langjähriger Sektionsvorstand hat, wie er mir versicherte, die feste Überzeugung, dass das Überhandnehmen dieser Schäden zum grossen Teil durch den Minimallohn verursacht wurde. Denn in der Neuzeit nach dem Fallenlassen der Lohnfixierung zeige sich eine auffallende Verminderung dieser gefürchteten Lohnkürzungen.

Ebenso hat der Minimallohn der Moral geschadet, indem seine Existenz Arbeitgeber und -nehmer veranlasste, ihn zu umgehen, wie er auch infolge dieses Umstandes eine Quelle der hässlichsten und nicht immer begründeten Verdächtigungen war.

Aber was man am wenigsten vermuten sollte, der Arbeitgeber hat Nutzen aus dem Minimallohn gezogen. Freilich gilt dies nur für den soliden Exporteur, der das Geschäft noch kaufmännisch und nicht börsenspielmässig betrieb.

Wie schon früher ausgeführt, hatte sich mit der Ausdehnung der Industrie und der Gründung von neuen Firmen ein hauptsächlich durch diese geübtes Spekulationsgeschäft herausgebildet, das der ganzen Industrie, vornehmlich aber den alten Firmen zum grössten Schaden gereichte. Diese wussten nie, ob ihr Konkurrent, der gern die stille Zeit benutzte, zu äusserst gedrückten Löhnen grosse Posten Lagerwaren erstellen zu lassen, nicht in der Lage sein würde, billiger zu liefern als sie. Jetzt war doch eine Basis für sie gewonnen, auf die sie sich bei ihrer Kalkulation stützen konnten. Denn unter dem Minimallohn konnte nun auch der Konkurrent nicht mehr arbeiten lassen, damit war aber auch für ihn der Anreiz, Lagerware auf Spekulation herzustellen, verloren gegangen, um so mehr als ja in der guten Saison der Minimallohn auch nicht bedeutend überschritten wurde. Den Häusern der letzteren Art war natürlich der Minimallohn ein Dorn im Auge, ihre Stärke bestand in der Billigkeit gegenüber den anderen Firmen, und dieser Vorzug war ihnen jetzt genommen. Der Teil der Kaufleute aber, der mehr das Ordregeschäft pflegte, hatte aus der Lohnfixierung einen um so grösseren Nutzen, als er gewöhnlich schon früher kaum billigere Löhne gezahlt hatte.

So sehen wir, dass die Festsetzung eines Lohnminimums nicht die Folgen gehabt hat, die man theoretisch von ihr erwarten durfte: sie hat den Arbeitern nicht den erwarteten Nutzen, den Arbeitgebern nicht den gefürchteten Schaden, einem Teil der letzteren sogar direkt grosse Vorteile gebracht. Und gerade darum ist sie für uns so lehrreich, zeigt sie doch deutlich, nicht abstrakte Deduktion, sondern lediglich praktische, empirische Forschung lehrt uns gesellschaftliche Vorgänge beurteilen und würdigen.

Im Anschluss an dieses Lohnthema wollen wir die Massnahmen betrachten, die der Verband ergriff, um den festgesetzten Minimallohn auch zu gewährleisten. Vor allem musste man versuchen direkte Nichtbeachtung der Vorschriften zu verhindern. Zu diesem Zweck stand den Kontrolleuren der Sektionen und der Centralleitung das Recht jederzeitiger Einsichtnahme in die Bücher zu, die jeder Arbeitgeber zu führen verpflichtet war. Ebenso konnten die Kontrollorgane, wann es ihnen beliebte, sich die Arbeitsnoten der Sticker, die diese aufzubewahren hatten, vorlegen lassen. Den Schuldigen trafen Strafen von 10—200 Fr. Aber wie uns erinnerlich ist, giebt es eine Unmenge von Mitteln, den Arbeiter auf Umwegen um den Lohn zu kürzen, so die Unsitte, nicht alle Stiche zu zählen, die Übervorteilungen bei Garnlieferungen, vor allem aber die willkürlichen Abzüge und Retouren. Gegen all diese Ungerechtigkeiten wandte sich der Verband. Gegen die Prellerei bei der Stichzählung wurde ein genaues Stichzählungsregulativ ausgearbeitet, das in seitenlangem Detail erklärt, wie die Stiche gezählt werden müssen. Übervorteilungen bei Garnlieferungen aber wurden dadurch zu verhindern gesucht, dass man sie einesteils mit Strafen bedrohte, andernteils durch monatliche Veröffentlichungen dem Arbeiter die landläufigen Garnpreise bekannt gab und die Aufschriften der Garnpackete genau vorschrieb.

Für Klagen gegen das Abzugs- und Retourenwesen setzte man eine Expertise und ein Fachgericht ein; erstere entschied erstinstanzlich, letztere endgültig. Die unentgeltliche Expertise war erst eine Schöpfung der letzten Jahre des Verbands, nachdem man gesehen hatte, dass das Fachgericht, sei es wegen der Kostspieligkeit, sei es wegen seines ausgesprochenen Charakters als Gericht nur wenig in Anspruch genommen wurde. In Bezug auf die Frist für Abzüge wurden feste Vorschriften erlassen und die Bestimmung getroffen, dass „Reklamationen und Abzüge aller Art zwischen Kaufleuten und ihren Warenübernehmern, seien es Fergger oder Sticker, innerhalb 14 Tagen, zwischen Ferggern und deren Arbeitsübernehmern innerhalb 5 Wochen nach Empfang der Ware zu machen“ seien. Die Unklarheit beim Lohnempfang, die Ungewissheit des Arbeiters, ob nicht in einem Vierteljahr ein Teil des empfangenen Lohnes wieder zurückerstattet werden müsse, war so doch wenigstens in Bezug auf die Zeit gemildert worden.

Betrachtet man diese verschiedenen Bestimmungen, so kann man sich nicht verhehlen, dass sie alle zu Nutz und Frommen des Arbeiters erlassen waren. Einige von ihnen hatten auch durchschlagenden Erfolg, so der Erlass über den Garnhandel so auch die Vorschrift über die Frist, innerhalb deren Abzüge gemacht werden durften, schon etwas weniger das Stichzählungsregulativ. Wenn andere Massnahmen nicht den gehofften Erwartungen entsprachen, wie namentlich das Fachgericht, so war daran weniger die Institution als andere Verhältnisse schuld. Der Arbeiter scheute sich eben sehr oft aus Furcht, den Arbeitgeber zu verlieren, diesen öffentlich vor dem mit 3 oder 5 Richtern besetzten Fachgericht zu belangen. Die kostenlose Expertise, wo nur ein einziger Richter mehr im kollegialen Ton entschied, erfreute sich schon einer viel häufigeren Benutzung, und die Absicht, sie für alle Abzüge obligatorisch zu machen, was bei ihrer Gründung nur infolge technischer Hindernisse auf eine spätere Zeit verschoben wurde, beweist, dass man in dieser Beziehung etwas möglichst Vollkommenes zu schaffen entschlossen war.

Wenn heute in weiten Kreisen die Ansicht verbreitet ist, der Verband habe nur den Kaufleuten Vorteile gebracht, so werden obige Bestimmungen nur zu gern vergessen. Freilich haben sie dem Arbeiter nichts gebracht, was er nicht von Rechtswegen zu fordern hätte, sie haben nur Ungerechtigkeiten beseitigt, die manchmal dem Betrug so ähnlich sahen wie ein Ei dem andern. Aber eben darin lag ihr Nutzen, und gerade deswegen verdienen sie Anerkennung, dass sie Missstände aus der Welt schafften, denen bis dahin mit den gebräuchlichen staatlichen Rechtsmitteln nicht beizukommen war. Das Bewusstsein, das jetzt der Arbeiter haben musste, nicht machtlos Willkürlichkeiten preisgegeben zu sein, die gewöhnlich und naturgemäss dann um so häufiger herrschten, wenn die Zeiten schlecht waren und der Arbeiter so nur notdürftig sein Fortkommen fand, dies Bewusstsein geschaffen zu haben, kann sich der Verband mit Recht und mit Stolz rühmen.

Etwas loser mit der Frage der Lohnsicherung verbunden, aber doch im ursächlichen Zusammenhange mit ihr steht das „Regulativ über das Ferggerwesen“ und „die Verkaufsstelle für Retourwaren“.

Das Regulativ über das Ferggerwesen war eine Ergänzung der Bestimmung über den Minimallohn. In betreff dieses letzteren war nämlich bestimmt worden, dass er von dem ersten Warenausgeber, also von dem Kaufmann bezahlt werden sollte. Da aber mit diesem die wenigsten der Einzelsticker direkt, die meisten hingegen durch Vermittlung des Ferggers verkehren, so wäre ihnen mit dem Minimallohn herzlich wenig gedient gewesen, wenn nicht vorgesehen worden wäre, welchen Teil vom Lohn der Fergger als Vergütung empfangen solle. Man bestimmte, wenn die Ware zum Minimallohn ausgegeben war, sollten 2 cents per 100 Stich als Maximum der Ferggerprovision gelten, dass aber, wenn die Warenausgabe zu einem höheren Preise erfolgte, der Fergger ausserdem im Maximum die Hälfte des Unterschieds zwischen dem Minimallohn und dem Ausgabepreis für sich beanspruchen dürfte. Man verschaffte diesen Bestimmungen Wirksamkeit, indem der Fergger verpflichtet war, dem Übernehmer die Originalbestellnote auf Verlangen vorzuweisen. Ebenso musste dem Sticker bei der Abrechnung die allfällige Abzugsnote des betreffenden Geschäftshauses im Original vorgelegt und ihm für jede Warenausgabe eine Arbeitsnote ausgehändigt werden, auf der Name, Stück-, Dessinnummer, Stich- und Streifenzahl, Rapport, Länge, Preis, Zuschlagstaxen, Artikel und Lieferzeit vorgemerkt waren. Überhaupt wurde vom Fergger eine genau vorgeschriebene, peinliche Buchführung gefordert.

Es ist interessant zu sehen, wie die Institution des Minimallohns den ganzen Charakter des Ferggers veränderte. Früher war er ein Vermittler auf eigene Rechnung, er übernahm die Aufträge vom Kaufmann zu einem unter ihnen vereinbarten Preise, und niemand fragte darnach, wie er den eigentlichen Produzenten, den Sticker entlohnte. Mit dem Verbande war dies anders geworden, der Fergger wurde dadurch ein Vermittler auf Provision. Diese wurde aber vom Arbeiter, nicht vom Kaufhaus bezahlt. Denn wie bereits bemerkt, auch da, wo Kaufmann und Sticker ohne Zwischenglied direkt verkehrten, musste ersterer den vollen Minimallohn zahlen.

Die Verkaufsstelle für Retourwaren war in der Absicht errichtet, den Vereinsmitgliedern den Verkauf anheim gefallener Retourware zu erleichtern und sie möglichst vor grösseren Verlusten zu schützen. Die Anstalt kaufte entweder die Stickereien fest, um sie auf eigene Rechnung zu verkaufen, oder sie schlug die ihr übergebenen Waren für Rechnung der Auftraggeber los, im letzteren Falle gegen eine Vergütung von 4 % des Erlöses. Auch konnte der Konsignant auf den zum Verkauf überlassenen Waren einen Barvorschuss von 60 % des vom Geschäftsführer taxierten Wertes erheben, der mit 5 % pro Jahr zu verzinsen war. Die Verkaufsstelle war so freilich nur im weiteren Sinne, aber doch eine äusserst wichtige Massregel zur Lohnsicherung. Der Umsatz betrug in den Jahren

| | |
|---|---|
| 1887 : 192 503 Fr. | 1890 : 323 996 Fr. |
| 1888 : 211 709 „ | 1891 : 434 386 „ |
| 1889 : 277 937 „ | 1892 : 334 614 „ |

Wenn die Schätzung, dass im Jahre für circa 2 Millionen Fr. Stickereien den Arbeitern zur Verfügung gestellt werden[1] richtig ist, so scheint allerdings damit verglichen die Benutzung und der Nutzen der Anstalt für die Sticker ein kleiner gewesen zu sein. Indes ist das doch nur scheinbar, denn man darf nicht vergessen, dass schon die blosse Existenz einer solchen Anstalt die preisdrückenden Aufkäufer zu gleichen Angeboten zwang. Die Verkaufsstelle ist unzweifelhaft auch für die ganze Industrie ein segensreiches Institut gewesen. Denn es ist einleuchtend, dass derartige Warenmengen, zu den früheren Schundpreisen auf den Markt geworfen, auch die Preise der tadellosen Ware zum Weichen bringen mussten. Das hatte sich nun bedeutend gebessert.

Wir verlassen diese Institutionen, die hauptsächlich im Interesse der Arbeiter erlassen waren, und wenden uns jenen zu, die mehr zur Hebung der ganzen Industrie beitragen sollten. Dass sie als solche indirekt auch die Lage der einzelnen Interessengruppen der Stickerei günstig beeinflussten, bedarf kaum eines Hinweises. Es fallen hierher hauptsächlich die Bestrebungen, die gemacht wurden, die qualitative Leistungsfähigkeit der Arbeiter zu heben. Der erste Schritt auf diesem Gebiet wurde 1887 mit der Einführung der Nachstickkurse unternommen. Dieselben entsprachen einem wirklich tief empfundenen Bedürfnis. Die Nachstickerinnen auf den Dörfern hatten oft recht geringes Verständnis für ihren Beruf, und wir erinnern uns aus einem früheren Kapitel der Klagen von seiten der Sticker, dass für bereits nachgestickte Ware der Kaufmann nochmals hohe Beträge für Nachsticken in Ansatz gebracht habe. Dass dies lediglich aus Gewinnsucht geschehen sei, hat noch kein

[1] Vergl. Quellenangabe No. 10, Jahrg. 1886, S. 23.

Unparteiischer behauptet, vielmehr stimmt man allgemein darin überein, dass eben sehr oft die Hauptschuld an der mangelnden Kenntnis der ersten Nachstickerin liege.

Im ganzen fanden solche Nachstickkurse in circa 70 Sektionen mit ungefähr 1200 Teilnehmerinnen auf Kosten der Centralkasse und der Sektionen statt.

Auf zweierlei Weise suchte man die Fachbildung der Sticker auf ein höheres Niveau zu bringen. Einmal, indem man für die schon vorhandenen Kräfte analog den Nachstickkursen Stickfachkurse einrichtete, in denen theoretischer und praktischer Unterricht erteilt wurde. Hand in Hand mit diesen Kursen für Sticker gingen solche für Fabrikanten und Kaufleute in der richtigen Erkenntnis, dass es bei der Hebung der Industrie vor allem darauf ankomme, auch die Kaufleute ein klein wenig in die Mysterien des Stickereiberufs einzuweihen. Nicht weniger wichtig für die qualitative Förderung des Arbeiterstands war der andere Schritt, die Regulierung des Lehrlingswesens. Man stellte ein Regulativ auf, wonach jeder Stickerlehrling zunächst eine dreimonatliche Lehrzeit und hierauf mindestens 9 und höchstens 15 Monate in freier praktischer Thätigkeit als Sticker zu arbeiten hatte. Nach Erfüllung dieser beiden Bedingungen hatte er sich vor einer Prüfungskommission einer praktischen und theoretischen Prüfung zu unterziehen, nach deren Bestehen er das Stickerdiplom erhielt. Ausser diesem Nachweis der Befähigung für Normalsticker existierte auch noch der für Feinsticker, der selbstverständlich an schwierigere Bedingungen geknüpft war. Leider kann man kein abschliessendes Urteil fällen, ob diese Versuche, dem Pfuschertum auf den Leib zu rücken, von Erfolg gekrönt waren, da sie sich nur über vier Jahre, von 1889—92 erstrecken. In dieser kurzen Zeit hatte man gute Erfahrungen damit gemacht, und es ist eigentlich kein rechter Grund zu dem Glauben vorhanden, dass sich das im weiteren Verlauf geändert hätte. Freilich das darf man nicht glauben, dass nun alle Sticker im Lauf der Zeit kleine Künstler mit relativ gutem Auskommen geworden wären. Dass das nicht eingetreten wäre, dafür hätte schon der Markt gesorgt, der

der Kaufkraft und dem Geschmack seiner Konsumenten entsprechend nun eben einmal einen guten Teil billige und ordinäre Ware verlangt.

Meines Erachtens aber wären diese Bestimmungen wohl ein Moment gewesen, eine kleine Umwälzung insofern hervorzurufen, als sie den Nebenbetrieb der Landwirtschaft etwas erschwert und wohl dadurch der Stickerei einen Teil ihrer Arbeiter entzogen hätten. Das wäre nur dann ein Schaden gewesen, wenn es nicht zugleich damit gelungen wäre, den Saisoncharakter des Stickereigeschäfts, den es in letzter Zeit mehr und mehr angenommen hat, abzuschwächen. Ob letzteres möglich ist, ist allerdings fraglich.

Einen weiteren Beweis für die Bemühungen des Verbands, tüchtige Arbeitskräfte heranzuziehen, giebt uns sein Beschluss von 1889, einen Jahresbeitrag von 200 Fr. an die k. und k. Vorarlberger Stickfachschule zu Dornbirn zu leisten. Auch diese Institution ist namentlich in Anbetracht der der Stickerei so ungünstigen Zeit zu jung, als dass ein Urteil über ihr Reüssieren erlaubt wäre. Die Leistungen der Schüler sind unzweifelhaft gut, aber es sind deren bis jetzt noch so wenige, dass sie unter der Unmenge der Vorarlbergischen „Pfuscher“ völlig verschwinden.

Ein wirklich grossartiger Versuch, der, wenn er geglückt wäre, der ganzen Industrie unschätzbare Dienste geleistet hätte, war die Gründung des sogenannten Industriefonds. Anfangs der 90er Jahre fürchtete man nämlich allgemein, es würde eine eben neuerfundene Dampfstickmaschine die Handstickmaschine verdrängen oder ihr wenigstens empfindlich Konkurrenz machen. Vor allem aber wurden Befürchtungen laut, dass diese neue Erfindung die ganze Industrie nach Amerika verschleppen würde. Eine Versammlung von Kaufleuten beantragte daher, das amerikanische Patent von seiten des Verbands zu erwerben. Die Mittel dazu — 600 000 Fr. — sollten aufgebracht werden, indem jedes Kaufhaus für jede ausgegebene Stickete 20 bis 25 cents in einen besonderen Fonds, den Industriefonds, zahlen sollte. Man hoffte damit auf einen Jahresbeitrag von 500 000 Fr. Zugleich sollten diese aufgebrachten Mittel dazu dienen, alte Maschinen zu demolieren, das Maschinenmaterial zu heben und tüchtige Arbeitskräfte heranzuziehen. Die Delegiertenversammlung stimmte zu, aber nur zu bald zeigte sich bei einem Teil der Kaufleute Widerspruch gegen diese Bestimmung, die ihnen zum ersten Male seit Bestehen des Verbands ein wirkliches Opfer auferlegt hatte. Sie bestritten die Verfassungsmässigkeit des Beschlusses und drangen, da in der That das Gesetz auf ihrer Seite war, damit bei dem Kantonsgericht durch, vor dessen Forum man die Sache gezogen hatte. Damit fiel der Industriefonds und alle mit seiner Gründung beabsichtigten Zwecke, denen man einen genialen Zug nicht wird absprechen wollen. Nur der eine Plan wurde mit anderen Mitteln, freilich nur teilweise, verwirklicht. Im Laufe des Jahres 1892 wurden 450 alte Maschinen um die Gesamtsumme von 22104 Fr. aufgekauft und zusammengeschlagen. Hat man damit auch infolge der bald nachher eingetretenen Auflösung des Verbands und des dadurch um das Eintrittsgeld von 400 Fr. billiger gewordenen Preises der Maschinen die Menge der produzierten Waren nicht sehr eingeschränkt, so wurde doch sicher die qualitative Produktion durch den Wegfall dieses schlechten, alten Arbeitsmaterials wenigstens in etwas gehoben. Originell war das Mittel, und im grossen angewandt, wozu eben leider das Geld fehlte, würde es mit einer der Hauptfaktoren für die Hebung der Industrie geworden sein.

Es erübrigt noch zu erwähnen, dass der Verband sich auch der Pflege der Wohlthätigkeit annahm. So unterstützte er im Jahre 1889 mit 10000 Fr. acht Gemeinden in der Rheinebene, die durch ein grosses Hochwasser in die äusserste Not gekommen waren. Noch viel umfangreicher war seine Thätigkeit auf diesem Gebiet im Jahr 1892, als infolge des grossen Arbeitsmangels Tausende von Stickern brotlos waren [1]. Gegenüber der Teilnahmlosigkeit der kan-

[1] Nach einer vom Verband aufgenommenen Enquête waren ungefähr 3000 Sticker damals unterstützungsbedürftig; vergl. Quellenangabe No. 28.

tonalen Behörden, die den Notstand überhaupt läugneten, war das Vorgehn des Verbands doppelt anzuerkennen, wenn auch bei der grossen Zahl der Notleidenden die Unterstützung, die dem Einzelnen gegeben werden konnte, nur mässig war. Der Verband ging ganz selbständig vor, gründete Hülfskomitees und veranstaltete eine Kollekte bei Stickerei-Industriellen, so dass das Centralhülfskomitee, dem 20000 Fr. von der Verbandskasse überwiesen waren, in jener Zeit über 82000 Fr. an die Unterstützungsbedürftigten abführen konnte, ungerechnet der von den Lokalkomitees gesammelten Gaben.

Es ist im Vorstehenden versucht worden, die Massnahmen des Verbandes, die er während seiner fast siebenjährigen Blütezeit durchführte oder wenigstens beabsichtigte, zu schildern und kritisch zu beleuchten. Es konnte um so weniger meine Aufgabe sein, zu beschreiben, welche Kämpfe jeder einzelnen Massregel vorausgingen, als dies schon von berufener Seite ausführlich geschehen ist[1]. Immerhin darf an dieser Stelle eine knappe Darstellung der Geschichte dieses denkwürdigen Versuches so wenig fehlen wie eine Darlegung der Gründe seines Untergangs und ein zusammenfassendes Urteil über seinen Nutzen und Wert. Von vornherein aber möchte ich davor warnen, aus den gewonnenen Resultaten Schlüsse auf die Allgemeinheit zu ziehen, ein Fehler, in den manche der Darsteller der Geschichte des Verbands verfallen sind. Als er blühte, da wurde er herangezogen als Beweis, wie kräftig freiwillige Berufsgenossenschaften gedeihen können, da wurden an der Hand der Verbandsgeschichte Ratschläge gegeben, wie die Staaten solche freiwillige Berufsgenossenschaften unterstützen sollten, jetzt, nachdem er gefallen ist, wird er wieder umgekehrt als Beleg für die Unmöglichkeit der freien Berufsgenossenschaften angeführt. Man scheint ganz vergessen zu haben, dass es nur eine einzige Unterlage ist, auf die man seine Behauptungen stützt, und dass dieses einzige Beispiel so wenig für wie gegen freiwillige

[1] Vergl. Quellenangabe No. 5.

Berufsgenossenschaften in anderen Gewerbszweigen etwas beweist.

Interessant an der Geschichte des Verbandes ist die Art seiner Entstehung. Wie schon einmal angedeutet, waren dem Jahre 1882, das mit seinem Begehr nach Stickereien eine ganz ungerechtfertigte Vermehrung der Maschinen im Gefolge gehabt hatte, eigentlich keine schlechten Jahre gefolgt. Die Ausfuhr nach Amerika hatte sich sogar noch etwas gehoben. Ihr Wert betrug:

| | | |
|---|---|---|
| 1881: | 19 467 927 | Fr. |
| 1882: | 26 867 809 | „ |
| 1883: | 27 406 740 | „ |
| 1884: | 28 277 967 | „ |

Indes entsprach doch diese vermehrte Ausfuhr noch keineswegs der Maschinenvermehrung, und dieser Umstand, verbunden mit der fortschreitenden Musterverschlechterung hatte die Löhne um so mehr herabgedrückt, als der Markt, soweit er die Ware überhaupt aufnahm, nur sehr reduzierte Preise zahlte. So hatten Ende 1884 die Löhne einen solch tiefen Stand erreicht wie noch nie zuvor.[1]

Vereinzelte lokale Versammlungen der Maschinenbesitzer, die diese einberufen hatten, um über die Verbesserung ihrer Lage zu beraten, waren ohne Erfolg verlaufen. Der eigentliche Anstoss, der zur Gründung des Verbandes führte, sollte von einer Gegend kommen, von der man es am wenigsten erwartete. Im Dezember 1884 fanden nämlich, angeregt durch eine Versammlung in Gams, im St. Gallischen Bezirk Werdenberg allenthalben Besprechungen statt, die schliesslich Ende des Monats zu einer allgemeinen Vertrauensmännerversammlung des Bezirks führten. Welcher Umstand gerade in dieser südöstlichen Ecke, in der erst seit kurzem die Industrie heimisch geworden war, die Versuche von Erfolg gekrönt sein liess, ist schwer zu sagen. War es das durch den dortigen aus-

---

[1] Jetzt stehen sie allerdings noch etwas tiefer, die unterste Grenze war damals 28 cents für 100 Stich 4/4 R, während im Mai 1894 27 cents, in Vorarlberg sogar noch bedeutend weniger gezahlt wurde.

gedehnten Almendbesitz stark entwickelte Gemeingefühl, war es der Einfluss einzelner, die sich allgemeiner Achtung erfreuten, war es der der minderwertigen Arbeit entsprechende grössere Druck auf die Löhne, oder war es das Beispiel des dort damals eben gegründeten Verbands der Schifflimaschinenbesitzer? Vielleicht waren es diese Thatsachen alle zusammen, genug, die erste allgemeinere Zusammenkunft fand in dem Werdenbergischen Orte Buchs statt.

In dieser Versammlung gelang es einigen klarsehenden und geschickt operierenden Männern die Majorität von ihrer ursprünglichen Absicht, einen Verband ohne die Kaufmannschaft zu gründen, abzubringen. Der von dem gewählten Initiativkomitee bald darauf erlassene „Aufruf an sämtliche Maschinenbesitzer der Ostschweiz und des Vorarlbergs“, der zu Besprechungen der Lage und Wahl von Delegierten behufs eines gemeinsamen Vorgehens aufforderte, wandte sich schon an alle Stickerei-Interessenten. Er hatte überraschenden Erfolg, und am 22. Februar konnte eine Delegiertenversammlung in der Stärke von 250 Vertretern aus allen Teilen des Stickereigebiets in St. Gallen zusammentreten. Hier siegte die Meinung vollständig, dass ohne Kaufleute der Verband ein totgeborenes Kind sein würde, und die Idee einer einseitigen Klassenorganisation wurde definitiv aufgegeben. Man wählte ein Centralkomitee, das die von der Versammlung gestellten Anträge zu einem Statutenentwurf verwerten sollte. Schon im Mai konnte der Entwurf von einer Delegiertenversammlung einstimmig genehmigt werden, welche beschloss, dass der Verband in Kraft zu treten hätte, wenn mindestens 10000 Maschinen in ihm vertreten wären. Dass diese zusammenkommen würden, war kein Zweifel, fraglich aber blieb, ob die Kaufleute dem Wunsche der Interessenten folgen und dem Verbande beitreten würden.

Die Kaufmannschaft hatte der Bewegung anfänglich misstrauisch gegenübergestanden; ihre Sympathien waren allerdings geweckt worden, als sie sah, dass mit dem Postulat der Arbeitsreduktion Ernst gemacht wurde. Immerhin war die Stellungsnahme von vielen fraglich. Erst als am 2. Juni eine Anfrage des Centralkomitees über diesen Punkt von 26 Firmen, denen sich alsbald 48 andere Häuser anschlossen, zustimmend beantwortet wurde, erschien es als sicher, dass von dieser Seite her die Gründung des Verbands nicht in Frage gestellt sei. In wiederholten Versammlungen der gesamten St. Gallener Kaufmannschaft kam es allerdings zu scharfen Auseinandersetzungen, die namentlich in der Diskussion über den Minimallohn den öfter berührten Antagonismus unter den verschiedenen Firmen scharf zu Tage treten liessen. Indessen kam die Gegnerschaft nicht auf, derjenige Teil der Kaufleute, der teils aus humanen Rücksichten, teils aus Eigeninteresse den Verbandsgedanken vertrat, behielt die Oberhand.

Am 14. Juli konnte der Verband mit 110 Sektionen, die 5066 Mitglieder mit 12299 Maschinen repräsentierten, gegründet werden. Noch im Laufe des Jahres 1885 traten dank der Bestimmung, dass den Verbandsmitgliedern der Verkehr nur unter sich gestattet war, fast alle Maschinenbesitzer des Gebiets der neuen Vereinigung bei, so dass diese Ende des Jahres 10321 Mitglieder mit 20554 Maschinen umfasste und sich nur 489 oder 2,32% der Stickstühle ausserhalb des Verbands befanden. Dies Verhältnis blieb konstant bis Ende 1891, ja es besserte sich sogar, so dass Ende 1889 die Zahl der ausser Verband befindlichen Maschinen nur 0,68% betrug.

Nun würde es allerdings eine Täuschung sein zu glauben, dass übereinstimmend mit diesen günstigen Ziffern im Verband immer Ruhe und Friede geherrscht hätte. Es gab schon damals öfters ernste Kämpfe, deren günstiger Ausgang für den Verband keineswegs immer von vorneherein gewiss war. So die Differenzen mit den Ferggern gleich nach der Gründung im Jahre 1885 und später 1887. Man hatte nämlich in dem Ferggerregulativ den Ferggern nichts gegeben, aber sehr viel genommen und handhabte die Bestimmungen sehr genau, indem man keine der Umgehungen und teilweisen Betrügereien, die an dem Arbeiter verübt wurden, ungestraft hingehen liess. Dies führte nun auf Seite der Fergger zu wiederholten Auflehnungen gegen den Verband, die freilich schliesslich alle, wenn auch immer erst nach heftigem Kampf, damit endeten, dass der Verband zufolge der energischen Leitung, deren er sich in der Person seines ersten Präsidenten erfreute, Sieger blieb.

Eine fernere Gefahr für den Bestand des Verbands waren wiederholt diejenigen Firmen, die ihm nicht beigetreten oder wieder ausgetreten waren. Indem diese Kaufhäuser Maschinenbesitzer des Verbands zu bestimmen wussten, für sie unter Umgehung der Vorschriften über den Verbandsverkehr und den Minimallohn zu arbeiten, konnten sie um ein Bedeutendes billiger liefern als die Verbandsfirmen. Diese erklärten ihrerseits, wenn es nicht gelänge, die drückende Konkurrenz lahm zu legen, aus dem Verband austreten zu müssen. Man wusste sich nicht anders zu helfen, als die „wilden" Firmen zu boykottieren. Freilich war der Boykott eigentlich nicht vom Verband, sondern von den Kaufleuten ausgesprochen, aber doch nur eben wegen des Verbandes, der an dem Ausgang äusserst interessiert war. Gelang die Sperre nicht, so stand das grosse, eben erst mühsam aufgebaute Werk vor dem Zusammenbruch. Aber sie gelang, wenigstens die beiden ersten Male 1887 und 1890. Sie war allerdings auch grossartig und mit ganz gewaltigen Hülfsmitteln inszeniert. Bleicher, Senger, Appreteure, Stoff- und Garnhändler, Zeichner und Schreiner versagten ihre Dienste, die Banken verschlossen ihren Kredit, die ganze öffentliche Meinung erklärte sich gegen die Boykottierten. Es blieb diesen nichts weiter übrig, wenn anders sie ihr Geschäft nicht binnen kurzem dem Ruin zuführen wollten, als ihren Beitritt zum Verband zu erklären.

Eine weitere Beunruhigung im Verbande bildete Vorarlberg. Die dortigen Sticker fühlten sich stets, teils berechtigter, teils unberechtigter Weise, den Schweizer Arbeitern gegenüber zurückgesetzt. Sie glaubten daher wohl auch nicht stark verpflichtet zu sein, sich durch genaue Erfüllung der Verbandsvorschriften auszuzeichnen. Die Gefahr einer fortwährenden Verletzung der Gesetze war um so grösser, als der bedeutendste Vorarlberger Exporteur selbst einer derer war, die in den Verband hineinboykottiert werden mussten. 1887 kam es zu einer Gährung, die vorübergehend die Loslösung des gesamten Vorarlbergs befürchten liess. Die Gefahr ging damals vorüber, aber 1891 war wirklich der Austritt zahlreicher Vorarlberger der äussere Anlass zur Auflösung des Verbands.

Andere Stürme wurden durch die Musterklassifikation hervorgerufen. Die Kaufleute sträubten sich zum grossen Teil sehr energisch gegen diese Zuschlagstaxe zu dem Minimallohn, die aber nichts desto weniger im Sinne des Centralkomitees von der Delegiertenversammlung im Jahre 1888 angenommen wurde. Die überstimmten Firmen wussten sich indessen dank der Bestimmungen über den gegenseitigen Verbandsverkehr zwischen der Schweiz und Sachsen zu helfen. Einen Teil der zuschlagspflichtigen Muster gaben sie einfach nach Sachsen in Arbeit, wo eine Musterklassifikation nach Schweizer Vorbild nicht bestand. Es blieb das nicht verborgen, und als man merkte, dass die Warenausgabe nach Sachsen in geradezu tendenziöser Absicht stattfand, entstand eine grosse Bewegung innerhalb der Arbeitnehmerschaft, die infolge der damals eben bestehenden saison morte doppelt unter der geübten Praxis litt. Dass der Verband bestehen blieb, dass er nicht einmal dauernd erschüttert wurde, ist einzig und allein der Besonnenheit und der Einsicht der Arbeitnehmerschaft zu danken. Die Musterklassifikation war auch fernerhin ein Gegenstand fortwährender Sorge und Abänderungen, und sie war die erste aller Institutionen, die man wieder fallen lassen musste.

Eine andere Quelle von Beunruhigungen bildete 1889 und 1890 die Frage der Angliederung der Fabriksticker an den Verband. Dieselben hatten sich nämlich mittlerweile von selbst durch Gründung einer eigenen Vereinigung zu helfen gesucht und kamen nun um ein Kartellverhältnis mit dem Centralverband ein. Die Mehrzahl der Fabrikanten, die den Minimallohn für sich wohl gern acceptiert, aber ihren Arbeitern kein Äquivalent gegeben hatte, war dagegen, aber sie erfreute sich jetzt nicht mehr der früheren Bundesgenossenschaft der Kaufleute in dieser Angelegenheit.

Diese hatten nämlich mittlerweile gesehen, dass ihre einstige Besorgnis, sie würden bei ihrer geringen Zahl leicht majorisiert, ungerechtfertigt gewesen war, und ferner erwarteten sie aus dem jetzigen Vorschlag aus folgendem Grunde direkte Vorteile. Es gab auf dem Lande einige Fabrikanten, die direkt exportierten. Indem diese nur in ihrer Fabrik arbeiten liessen, hatten sie sich bis jetzt um den Minimallohn nicht zu kümmern gebraucht. Sie waren deshalb auf dem Weltmarkt gegenüber den Kaufleuten im Vorteil, die ja gezwungen waren, den Minimallohn zu bezahlen, mochten sie nun ihre Waren von Einzelstickern oder Fabrikanten entnehmen. So kam es, dass die Kaufmannschaft dafür plaidierte, den Fabrikstickern die Segnungen des Verbands in irgend einer Weise zukommen zu lassen. Dies geschah Ende 1890, indem man ihnen ein dem Minimallohn entsprechendes Lohnminimum und einige andere Vorteile gewährte. Aber die ganze Affaire war nicht abgelaufen, ohne grosse Spannung und Erregung erzeugt zu haben.

Diese kurzen Ausführungen mögen genügen, um darzulegen, dass der Verband auch während seiner Blüte nie ein rocher de bronce gewesen ist. Es war ein Bau, so künstlich gefügt, aus so verschiedenem Material aufgebaut, so vollständig ein Werk, das sich nur auf den Versuch, nicht auf frühere Erfahrungen gründete, dass man nie wusste, ob es nicht schon der kommende Tag vernichten würde. Wir wollen nun einmal zusehen, wie und warum es zusammengebrochen ist.

Die im Oktober 1890 in Kraft getretene Mc. Kinley Bill, die den Wertzoll auf Stickereien von 40 % auf 60 % erhöhte, hatte bewirkt, dass in den ersten 9 Monaten des genannten Jahres der amerikanische Markt mit Stickereien aussergewöhnlich überschwemmt wurde. Jeder bemühte sich eben, noch vor dem Eintritt des gefürchteten Ereignisses möglichst viel Ware nach den Vereinigten Staaten zu werfen. Naturgemäss musste darauf ein Moment der Erschlaffung in dem Verkehr mit diesem wichtigen Abnehmer folgen. Unglücklicher Weise traf dieses Ereignis mit mehreren anderen, den Konsum gestickter Artikel schädigenden Thatsachen zusammen. Dahin gehörte, dass die Mode sich von den gestickten Roben, Schleiern und Unterkleidern abwandte, und dass in Südamerika allenthalben eine politische Unsicherheit herrschte, die nicht nur drüben, sondern auch in Europa im geschäftlichen Leben äusserst grosse Störungen hervorbrachte. Schon der Winter 1890/91 hatte bei dem flauen Geschäftsgang dazu gezwungen, die Arbeit an den Samstagen von Anfang Januar bis Ende März ganz zu verbieten, aber das war nur ein Vorspiel zu dem, was der Winter 1891/92 bringen sollte. Nach dem Geschäftsbericht des kaufmännischen Direktoriums war noch nie ein Jahr in der Stickerei so schlecht gewesen als 1891. Der Export an Stickereien ging um 10 1/2 Millionen Fr. zurück. Namentlich in Vorarlberg hatten die Grobsticker nicht nur tage- sondern wochenlang keine Arbeit. Man hatte Hunger und keinen Verdienst, was nützte da der Minimallohn, was all die schönen Bestimmungen des Verbands. So erklärten Ende des Jahres 944 Vorarlberger mit 1376 Maschinen ihren Austritt. Umsonst bemühte sich der Verband sie zu halten, sie sahen jetzt in ihm nicht nur eine nutzlose, sondern eine direkt schädigende Einrichtung, zumal offene und geheime Feinde in leitenden Kreisen die Meinung nährten, dass der Minimallohn alle Schuld an der Arbeitslosigkeit trage. Der Austritt erfolgte, und es schien fast, als sollten die Abtrünnigen Recht behalten. Sie hatten plötzlich Arbeit und noch dazu von Verbandsfirmen, die in ihrem Eigennutz an die Ausgetretenen, selbstverständlich zu bedeutend reduzierten Preisen, Waren ausgaben, während die treugebliebenen Arbeiter im Verband feiern mussten[1]. Man sah, dass unter der zunehmenden Not, unter der wachsenden Korruption der Minimallohn nicht mehr zu halten sei. Er hatte auch jetzt für die Arbeitnehmer noch weniger Zweck als früher, denn auf dem Weg der Abzüge, die mehr denn je gemacht wurden, verloren sie, was ihnen der Minimallohn gegeben hatte. So wurde er anfangs 1892 aufgehoben, nachdem schon kurz vorher die Musterklassifikation das gleiche

[1] Damals kam es vor, dass Schweizer Sticker ihre Arbeit in Vorarlberg holten.

Schicksal erreicht hatte. Damit war eine der Säulen des Verbands gefallen, und zusehends zerbröckelte der ganze Bau, wenn auch langsamer, als man nach dem aufgeregten Ton, der die Fachzeitschrift während jener Wintertage beherrschte, annehmen möchte. Die Urabstimmung vom 1. Mai, die über das fernere Bestehen des Verbands zu entscheiden hatte, stimmte zwar mit relativ grosser Mehrheit bejahend — nur 23,8 % anstatt der notwendigen 75 % hatten sich gegen den Verband ausgesprochen —, aber auf Ende des Jahres kündigten eine Masse von Firmen und Arbeitnehmern, insgesamt 2884, ihren Austritt an. Vergeblich suchte man sie zum Bleiben zu bewegen, indem man im November die Vorschriften über den Verbandsverkehr aufhob. Sie waren nicht zu halten, andrerseits aber hatte man dem Verband nun sein eigentliches Rückgrat genommen, vielleicht den Zeitverhältnissen entsprechend auch nehmen müssen. Jetzt wo jeder wieder Arbeit ausgeben bezw. annehmen konnte, wie und wo er wollte, hatten die teilweise trefflichen Institutionen des Verbands, die noch geblieben waren, keinen Wert mehr; jeder, dem sie irgend wie unbequem waren, trat einfach aus, da ja geschäftliche Nachteile nun nicht mehr damit verknüpft waren. Seit Ende 1892 spielt der Verband keine Rolle mehr. Er besteht noch, trotzdem Ende Juni 1892 weitere 2600 Mitglieder austraten. Aber seine Macht und seine Wohlthaten sind kaum mehr der Rede wert. Wer noch zu ihm hält, thut es aus Pietät, wohl auch in dem Glauben, dass er vielleicht noch einmal ein Kadre bilden könnte, wenn Einsicht und Verhältnisse zu einem neuen Zusammenschluss hindrängen sollten.

Was hat nun eigentlich zu diesem Ende geführt? War ès wirklich, wie man in der Schweiz oft hört, der Austritt Vorarlbergs, war es wirklich die vielseitige, die Freiheit des einzelnen beschränkende „Reglementiererei“? War es, wie auch behauptet wird, das zu späte Fallenlassen des Minimallohns oder die Angelegenheit mit dem Industriefonds, die ja in der That das Vertrauen in die Macht des Verbands stark erschüttert haben mag? All diese oft angeführten Gründe erscheinen mir nur sekundärer Natur zu sein. Was hätte es denn z. B. genützt, wenn man den Minimallohn früher aufgehoben hätte? Ob Vorarlberg, dessen Bewohner hauptsächlich feiern mussten, deswegen mehr Arbeit erhalten hätte, ist einmal sehr fraglich, aber auch gesetzt, es hätte solche bekommen, zu welchem Preis dann wohl? Hätte nicht der schlechte Lohn zu Umgehungen der Vorschriften über die Arbeitszeit notwendiger Weise führen müssen, was wiederum nur zu Bestrafungen und darauf folgenden Austritten der Anlass gewesen wäre?

Die Ursache des Untergangs des Verbands ist viel einfacher, aber auch viel schwerwiegender, sie ist auf dem Weltmarkt zu suchen und liegt allein in der Arbeitslosigkeit. Diese ist es gewesen, die dem Verband den Todesstoss versetzt hat. Und gegen dieses Übel war eben auch unter der Sonne des Verbands kein Kraut gewachsen. Dieser konnte so wenig wie eine andere Macht der Welt der Mode vorschreiben, auch fernerhin gestickte Kleider zu bevorzugen. Und sobald die Ungunst der Mode im unglücklichen Zusammentreffen mit anderen Ursachen die Bestellungen so reduzierte, dass trotz elfstündigen Arbeitstags und trotz allgemeiner Einstellung der Samstagsarbeit ein Teil der Sticker kaum drei Tage in der Woche zu arbeiten hatte, da hätte wirklich Heroismus dazu gehört, dem Verband, der einem momentan gar nichts mehr nützte und nur die Freiheit beschränkte, treu zu bleiben. Vielleicht hätte er die Krisis überstanden, wenn man genügend Mittel gehabt hätte, die Arbeitslosen zu unterstützen. Schwer ist allerdings zu sagen, wie der Verband das nötige Geld hätte aufbringen sollen. Denn schon 1885 forderte man zu der Gründung eines Unterstützungsfonds auf, man musste sich aber bald überzeugen, dass die Sticker bei der Lage der Industrie nicht imstande sein würden, die nötigen Mittel zusammenzubringen. Der Verband war zu sehr ein Kind der Not, als dass er für noch traurigere Zeiten hätte Vorkehrungen treffen können. Da hätte er früher entstehen müssen.

Wir können den Centralverband, der wohl eine der interessantesten Erscheinungen auf dem Gebiete der gewerblichen Vereinigungen war, nicht verlassen, ohne eine allgemeine Würdigung seiner Zwecke zu versuchen. Denn seine Bestrebungen, sowie die Mittel zu ihrer Verwirklichung sind im gleichen Umfang seit der Einführung der Gewerbefreiheit wohl noch nie der Gegenstand eines Versuchs gewesen. In früheren Zeiten hat es ihm freilich nicht an Vorbildern gefehlt. Analog dem zünftig geordneten Handwerk waren damals auch viele Hausindustrien — meist allerdings infolge staatlichen Zwangs — durch Reglements geordnet. Klingt es doch so, als sei unser Verband geschildert, wenn Schmoller[1] über die Organisation der Hausindustrien des vorigen Jahrhunderts schreibt:

„Zunächst sind in den Reglements und Statuten vielfach die zunftrechtlichen Satzungen über tägliche Arbeitszeit, Nacht- und Sonntagsarbeit, Verbot der Warenzahlung, die Verbote der Zahlung im schlechten Geld, der ungerechtfertigten Lohnabzüge erhalten und auf eine grosse Industrie ausgedehnt worden. Dann ordneten sie vielfach eine billige Lohnregulierung durch die Organe des Staats und der organisierten Hausindustrien an, sehr häufig auch eine Preisregulierung bezüglich der den Heimarbeitern gelieferten Rohstoffe. Die Konzessionierung und strenge Kontrolle der Zwischenhändler befreite den Heimarbeiter, wenn nicht von allem, so doch vom schlimmsten Druck dieser den Wucherern oft gleichstehenden Mittelspersonen .... Wir können kaum ein Statut und Reglement jener Tage lesen, aus dem nicht die Absicht uns entgegenträte, die Geschäftsverhältnisse zwischen allen Beteiligten so zu ordnen, wie es der guten Sitte und der humanen Verpflichtung der Höherstehenden, wie es einer billigen Erwägung der entgegengesetzten Interessen, einer massvollen Konkurrenz zwischen anständigen Geschäftsleuten entspricht." Wenn wir diesen Schmollerschen Worten noch hinzufügen, dass aus diesen Verordnungen die Grossen eben so gut wie die Kleinen, die Arbeitgeber ebenso wie die Arbeitnehmer Vorteil gezogen haben, so passt jedes Wort auf unseren Verband. Und unwillkürlich

---

[1] Vergl.: „Geschichte der Unternehmung" in Schmollers Jahrbuch XV Jahrgang, S. 32.

werden wir an die merkwürdigen Launen des Schicksals erinnert. Die Stickerei-Industrie, die im vorigen Jahrhundert nach Wartmann gerade deswegen so florierte, weil sie sich vollständig frei entwickeln konnte, weil sie nicht in Reglements gezwängt war, dieselbe Stickerei-Industrie war gerade durch die Gewerbefreiheit — ich erinnere an die planlose Aufstellung von Maschinen in der Hausindustrie — am Ende unseres Jahrhunderts gezwungen, die beschränkenden Bestimmungen einer früheren Zeit zu Hülfe zu nehmen. Allerdings verzichtete man auf staatlichen Zwang zum Beitritt, formell geschah dieser freiwillig, aber was war die Bestimmung des ausschliesslichen Verbandsverkehrs, was der von der Kaufmannschaft ausgesprochene Boykott gegen Widerstrebende anders als ein Ersetzen des gesetzlichen Zwangs durch den thatsächlichen? Die Gewerbefreiheit war durch den Verband ohne Zweifel in Frage gestellt, und ein Freund von diesem kann kein Freund der unbeschränkten Freiheit im gewerblichen Leben sein. Aber gerade dadurch und nur dadurch hatte der Verband die Schäden beseitigt oder doch gemildert, die der hausindustriellen Unternehmungsform nun einmal anhaften, Schäden, die in der jüngsten Zeit erst richtig erkannt sind und in vielen Industrien, wenn nicht alles täuscht, erst in der Zukunft in ihrer ganzen Grösse empfunden werden dürften. Scheint es doch, als werde der Begehr des Weltmarktes immer ruckweiser und unsicherer, als wechsele Mode und Geschmack häufiger als früher. Dass das aber überall, wo nicht technische und ökonomische Rücksichten anders entscheiden, zu einer Ausdehnung des hausindustriellen Betriebs führen wird, hat unsere Stickerei bewiesen. Mehr und mehr sucht der Unternehmer das Risiko und die Kosten der Produktionsmittel auf den Arbeiter abzuwälzen, zumal ihm die moderne Fabrikgesetzgebung den Fabrikarbeiter immer teurer macht. Das Existenzminimum dieses letzteren steht so wie so schon höher, als das des Hausindustriellen, und es wird wachsen, je mehr die Arbeitszeit verkürzt, je mehr Frauen- und Kinderarbeit beschränkt wird. Je beliebter aber die Hausindustrie in ihrer durch nichts gehemmten Freiheit werden wird, desto schärfer wird ihr grösster Übelstand, dessentwegen sie der Unternehmer so bevorzugt, hervortreten: die äussere Leichtigkeit, mit der sie sich den Konjunkturen anschmiegt. In günstigen Zeiten eine lediglich durch das momentane Unternehmerinteresse gerechtfertigte Vermehrung der Arbeiter, die bei der geringsten Stockung wieder entlassen werden, geringe Stetigkeit in der Produktion, proletarische Arbeiterverhältnisse werden die Folge sein. Das scheint mir ein Hauptvorzug des Verbands gewesen zu sein, dass er diese üblen Eigenschaften der Hausindustrie beseitigt hatte. Damit hatte er dem ganzen Lande einen grossen Dienst geleistet.

Und auch das ist nicht zu verkennen, dass er die einzelnen Gruppen zu einer besseren Einsicht und einem ruhigeren Urteil bei der Betrachtung der gegenseitigen Lage gebracht hat. Das gilt für die Einzelsticker sowohl, wie für die Kaufleute und Fabrikanten.

Verschieden ist allerdings der ökonomische Nutzen, den er den einzelnen Klassen gebracht hat, wie schon hie und da zu bemerken Gelegenheit war. Mit Ausnahme der Spekulationsfirmen hat die Kaufmannschaft, und speziell die in St. Gallen heimische, den grössten Vorteil gehabt. Sie hatte einmal wertvolle Bestimmungen über den Musterschutz, der staatlicherseits durch Bundesgesetz erst 1888 geregelt wurde, erhalten. Sie hatte ferner durch den Minimallohn die lang entbehrte Basis für eine sichere Kalkulation gefunden, ein Vorteil, der etwaige durch diese Lohnbestimmungen hervorgerufene Mehrausgaben reichlich wieder ersetzte. Und durch das famose Kartellverhältnis mit dem sächsischen Verband, dessen Vorschriften nach etwas anderen Gesichtspunkten als die schweizerischen geregelt waren, hatten es die Kaufleute in der Hand, da wo Sachsen billiger arbeitete, wie das z. B. bei groben Mustern nach Einführung der Musterklassifikation im Schweizer Verband der Fall war, die Ware in Deutschland arbeiten zu lassen. Speziell aber die Stadt St. Gallische Kaufmannschaft hatte durch den Minimallohn gewonnen. Wir erinnern uns, dass dieser vom Kaufhaus unter allen Umständen bezahlt werden musste, einerlei ob es sich eines Ferggers bediente oder direkt mit dem Einzelsticker verkehrte. Dadurch aber war den auf dem Lande zerstreut etablierten Firmen der Vorteil, den sie früher gegenüber den in der Stadt St. Gallen wohnenden Kaufleuten gehabt hatten, genommen. Früher hatten sie nämlich aus dem Grunde etwas billiger arbeiten können, weil sie direkt mit den Hausindustriellen verkehrten und so die Ware zu einem etwas niedrigeren Preis auszugeben in der Lage waren als wie die Stadt St. Gallischen Häuser, die der Fergger bedurften. Jetzt waren sie durch diese Bestimmung ihrer früheren Vorzugsstellung verlustig gegangen.

Kaum weniger als der Kaufmannschaft hatte den Fabrikanten der Verband ihre Position gebessert. Vor 1885 waren sie nahe daran, von der Hausindustrie und den Kaufleuten vernichtet zu werden. Das schweizerische Fabrikgesetz mit seiner Einschränkung der Kinderarbeit, seiner Verkürzung der Arbeitszeit hatte ihre Konkurrenzfähigkeit gegenüber den Heimarbeitern bedeutend geschwächt, und je mehr infolge des Verkehrs mit letzteren die Kaufleute die Fabrikation selbst in die Hand nahmen, desto mehr schmälerten sie auch die Selbständigkeit und den Gewinn der Fabrikanten. Letztere unterschieden sich, was ihre Stellung zu dem Absatz anbetrifft, im Grunde genommen in keiner Weise von den Hausindustriellen, waren ihnen gegenüber aber infolge des Fabrikgesetzes bedeutend im Nachteil. Nach dieser Seite hin schaffte nun der Verband völlige Gleichheit, indem er, wie uns sattsam bekannt, den Maximalarbeitstag von 11 Stunden auch auf die Hausindustrie ausdehnte und damit zugleich die Vorteile, die die Heimarbeiter durch Verwendung von Schulkindern hatten, so gut wie beseitigte. Denn die Arbeitszeit fiel jetzt in der Hauptsache mit den Schulstunden zusammen. Die Fabriken fingen nun sogar an, gegenüber den Heimarbeitern in einem gewissen Vorteil zu sein. Infolge stetiger Aufsicht und besserer Maschinen arbeiteten nämlich die Fabriksticker exakter als die Heimarbeiter, die ausserdem noch durch geringe Zuverlässigkeit in der Einhaltung der Lieferfristen verrufen waren. Diese Vorteile der Fabrik begannen nun wieder gewürdigt zu werden, so dass es kommen konnte, dass die Fabriken in flauen Zeiten noch leidlich beschäftigt waren, während ein grosser Teil der Einzelsticker schon feiern musste. Der Nutzen, den der Verband den Fabrikanten brachte, war namentlich bis 1890 bedeutend, ehe die Fabriksticker an den Verband angegliedert waren und nun auch die Wohlthaten des Minimallohns u. s. w. genossen. Bis dahin hatten die Fabrikanten in ihrer Mehrzahl wohl die Gaben des Verbands dankbar entgegengenommen, ohne sie aber mit ihren Arbeitern zu teilen.

Die Hausindustriellen haben nicht solche Vorteile aus dem Verband gezogen, wie der erwarten sollte, der die vielen Bestimmungen der Statuten durchliest. Gewiss viele Massnahmen waren sehr gut gemeint und ja auch keineswegs wertlos, aber eben doch nicht so erfolgreich, als man von vornherein geneigt ist anzunehmen. Muss doch selbst der dritte Jahresbericht des Verbands in dieser Hinsicht gestehen: „Das Erreichte ist eine bescheidene Abschlagszahlung an das mit Recht Erhoffte. Es muss ein Mehreres nachkommen, denn der Verband ist in erster Linie zur Erleichterung des Loses unserer Arbeiter entstanden“. Das „Mehrere“, das die leitenden Kreise erwarteten, ist nicht nachgekommen. Die Macht des ökonomisch Stärkeren zeigte sich eben auch hier. So stand die Inanspruchnahme des Fachgerichts und der Expertise in keinem Verhältnis zu den zahlreichen Klagen, die über ungerechte Abzüge und Retouren uns aus den Zeitungen jener Zeit entgegentönen. Den Grund hierfür haben wir oben genügend erklärt. Ebenso haben wir schon hinlänglich auseinandergesetzt, wie wenig der Minimallohn den von den Arbeitern gehegten Erwartungen entsprochen hat.

Wenn man also auch den Verband keineswegs als eine Institution hinstellen darf, die nur für den Arbeiter dagewesen sei und ihm grosse Vorteile auf Kosten der Arbeitgeberschaft gebracht hätte, so darf man ihn aber doch auch nicht als für den Arbeiter jeglichen Nutzens bar betrachten. Eine einseitige, reine Interessenkoalition der

Stadt St. Gallischen Kaufmannschaft, als welche er vielfach hingestellt wird,[1] ist er ebenso wenig gewesen. Im Stichzählungs- und Ferggerregulativ, in den Bestimmungen über den Garnverkauf, in der Verkaufsstelle für Retourwaren waren Einrichtungen getroffen, die nicht nur gut gemeint, sondern auch wirklich segensreich für den Arbeiter waren. Und wenn andere Vorschriften mehr auf dem Papier prangten, so war dies keineswegs bei ihrem Erlass beabsichtigt oder geahnt. Sicher ist auch, dass der Maximalarbeitstag für die Gesundheit des Arbeiters und seiner Angehörigen sehr förderlich gewesen ist, wenn gleich dieser Gesichtspunkt bei der Einführung der 11stündigen Arbeitszeit nicht massgebend war. Nicht wenige Arbeiter haben mir gegenüber diese Massregel gerade wegen ihrer günstigen sanitären Folgen als die glücklichste des Verbands hingestellt.

Am wenigsten Grund, dem Verband eine Thräne nachzuweinen, haben die Fergger. Er brachte ihnen nur Lasten und muss ihnen als der reine Polizeistaat erschienen sein. Die Bestimmungen über die feste Provision, über Arbeits- und Abzugsnoten, über die Bücherführung und den Garnverkauf griffen tief in ihre Freiheit ein. Freilich das war nur gerecht und liess sich nicht ändern, wenn man es ihnen erschweren wollte, ihre Stellung zum Nachteil des Stickers zu missbrauchen. Aber zu den wenigen Menschen, die für Gerechtigkeit schwärmen, auch wenn ihnen dieselbe nachteilig und unbequem wird, gehörten die Fergger um so weniger, als man in dem Fachorgan dem Grimm, den man jahrelang gegen sie aufgespeichert hatte, in ausgiebigster Weise Luft machte. Die meisten von ihnen werden deshalb den Verband um so weniger zurückwünschen, als in demselben kurz vor seinem Zusammenbruch auch die Frage des Befähigungsnachweises beim Ferggerberuf ventiliert wurde. Eine Bestimmung in dieser Hinsicht würde für die zahlreichen Stümper in diesem Stand sehr unangenehm gewesen sein.

Damit wollen wir unsere Betrachtungen über den

---

[1] Vergl. hierzu namentlich die „Neue Zeit" X, 2, S. 146 ff.

„Centralverband der Stickerei-Industrie der Ostschweiz und des Vorarlbergs" schliessen und uns anderen Versuchen zuwenden, die von seiten der Hausindustriellen gemacht wurden, um auf dem Wege der Vereinigung ihre Lage zu verbessern. Dahin gehören einmal die „Sektions-" oder „Genossenschaftsferggereien". Die erste wurde im Jahre 1887 in Bauma (Kanton Zürich) gegründet, und jetzt mögen wohl im ganzen circa 10 bestehen. Sie bezwecken, „den Sticker vor allen ungerechten Abzügen und Belastungen nach Kräften zu schützen und Fürsorge zu treffen, dass derselbe für Ferggerprovision nicht mehr und nicht minder auszugeben hat, als unumgänglich notwendig ist". Die Genossenschaftler suchen diese ihre Zwecke zu erreichen, indem sie einen Fergger mit der Bestimmung in ihre Dienste nehmen, dass beide Teile nur ausschliesslich mit einander verkehren dürfen. Der Fergger erhält 1 cent per ausgegebene 100 Stich, das ist etwas mehr als 3 % des Stichlohns bei gewöhnlicher Ware, sowie die Vergütung der Portoauslagen und Reisespesen nach St. Gallen. Für letztere ist ein Fixum von 10 Fr. festgesetzt. Jedes Mitglied zahlt 2 cents per 100 Stich, davon fällt der eine als Ferggerprovision an den Fergger, der andere in eine Sparkasse, aus der die Reisespesen und Portoauslagen des Ferggers bestritten werden. Was übrig bleibt, erhält jedes Mitglied am Ende des Jahres samt Zinsen zurückgezahlt. Garn und sonstige Utensilien müssen vom Fergger bezogen werden, der dafür eine mässige Provision erhält. Streitigkeiten zwischen diesem und den Stickern entscheidet eine von letzteren gewählte Kommission. Diese ist jederzeit berechtigt, Einsicht in die Bücher zu nehmen. Die Zahlung findet monatlich statt. (Genossenschaftsstatut von Bauma).

Als der Hauptvorteil wurde mir von der Genossenschaftsferggerei Wartau berichtet, dass ihre Existenz die freien Fergger zu einem loyaleren Geschäftsgebaren zwinge. Das würde allerdings ein sehr grosser Erfolg sein, gerade jetzt, nachdem die schützenden Bestimmungen des grossen Verbands nicht mehr die so beliebten Ferggerkniffe hindern. Andrerseits aber prophezeit man diesen Genossenschaftsferggereien keine lange Dauer. Man sagt — und mir scheint nicht mit Unrecht — der angestellte Fergger habe eine schwierige Stellung gegenüber den Stickern. Er könne die Ware nicht immer nach der Leistungsfähigkeit verteilen, gäbe er den schlechten Stickern nur grobe, unvorteilhafte Muster, so wäre das ein fortwährender Gegenstand der Unzufriedenheit, gäbe er ihnen aber gute, schwer auszuführende Arbeit, die sie nicht tadellos anfertigen könnten, so erfolgten Abzüge, und Missvergnügen sei auch hier wieder die natürliche Folge. Ausserdem könne man doch auch den guten Stickern nicht zumuten, einen Teil der groben Muster mit zu übernehmen. Kurz es sei schwer, die Mitglieder zufrieden zu stellen. Es mag darin ein Teil Übertreibung liegen, immerhin ist die in diesem Umstand begründete Gefahr nicht zu verkennen. Es ist das vielleicht der Grund, warum bis jetzt so wenig solcher Genossenschaften entstanden sind. Eine Gewähr für ihre Existenz würde meiner Ansicht nach sein, wenn sich immer möglichst gleich befähigte Sticker in ihnen vereinigten, was allerdings nur in grösseren Stickerdörfern auszuführen sein dürfte.

Noch unter den Fittichen des Verbands entstanden ist eine Vereinigung, die nicht lediglich ökonomische Zwecke verfolgte, sondern die Interessen der Einzelsticker überhaupt vertreten wollte. Nach und nach hatten sich nämlich sämtliche Gruppen in derartigen Interessenverbänden zusammengefunden. Die Kaufmannschaft war von Anfang an geeinigt, ein Fabrikanten- und Ferggerverein war hinzugekommen, ausserhalb des Verbands hatten die Fabriksticker einen Bund geschlossen; was Wunder, dass auch in Einzelstickerkreisen die Idee eines Zusammenschlusses zu verwirklichen gesucht wurde. Es lag dazu aber noch ein anderer Grund vor. Es ging nämlich das Gerücht, die Bundesregierung wolle ein Gesetz vorlegen, die Einzelsticker auch unter das Fabrikgesetz zu stellen. Jedenfalls war in diesem Sinne eine Anfrage von Bern an die Fabrikinspektoren ergangen, und der Beschluss des Oltener Arbeitertages, dahin wirken zu wollen, dass die Hausindustrie nicht ausserhalb des Gesetzes bleibe, war auch dazu angethan, die Einzelsticker auf eine gemeinsame Abwehr hinzuweisen. So wurde anfangs 1891 die Einzelstickervereinigung gegründet mit dem Zweck, die Interessen der Hausindustriellen überhaupt und die der Einzelsticker insbesondere zu fördern, sowie die Stickerei-Industrie — auf dem Boden des grossen Centralverbands – zu stärken und zu heben. Der Verband brachte es bald auf 4000 Mitglieder, aber er hat trotz dieser hohen Zahl nie eine Rolle gespielt, und die Befürchtungen, die anfangs die Kaufmannschaft für den grossen Verband an ihn knüpfte, waren unbegründet. Im Gegenteil, es zeigte sich, dass mit dem Zusammenbruch jenes auch das Schicksal der Einzelstickervereinigung besiegelt war. Gerade wo sie anfangen sollte, ihre Existenzfähigkeit und Zweckmässigkeit zu beweisen, versagte sie. Bedeutende Männer, die das Los des Centralverbands voraussahen, hatten die Gründung dieser Vereinigung begünstigt, in der Hoffnung, dass sie einer allgemeinen Anarchie vorbeugen würde. Aber sie vermochte diese Hoffnung so wenig zu erfüllen, als wie der gleichzeitig mit ihr gegründete Maschinenbesitzerverband, der Fabrikanten und Einzelsticker vereinigen sollte, oder die 1893 ins Leben gerufene Arbeitnehmervereinigung, die ausser jenen beiden Gruppen auch noch die Fergger umfasste. Sowohl die Einzelstickervereinigung als auch der Maschinenbesitzerverband und die Arbeitnehmervereinigung sind heute vergessen.

Wenn man diese letztgeschilderten Versuche betrachtet, so sieht man, dass sie bald in engerem bald in weiterem Rahmen Vereinigungen zur Pflege einseitiger Klasseninteressen sein sollten. Sie waren alle gegen die Kaufmannschaft gerichtet. Dass sie daran zu Grunde gegangen sind, kann man eigentlich nicht sagen, haben sie ja nie irgend einen Schlag gegen die Kaufmannschaft zu führen gesucht. Es scheint mir, als seien sie eingegangen in der instinktiven Erkenntnis ihrer Mitglieder, dass von einem ernsten Druck gegenüber den Kaufleuten doch nie die Rede sein könnte, und dass die Vereinigung somit wenig Zweck habe. Man musste zu dieser Ansicht kommen, wenn man die Verhältnisse ruhig betrachtete. Die Kaufmannschaft hat zum grossen Teil nur sehr wenig Kapitalien in der Industrie festgelegt, nicht wenige Exporteure können von heute auf morgen ihr Geschäft in St. Gallen schliessen, um es in Sachsen oder anderswo, wo sie gefügigere Kräfte finden, weiter zu treiben. Dazu kommt noch die leichte Erlernbarkeit der Stickerei, wenigstens was die ordinären Massenartikel anlangt. Sollte hier nicht derselbe Missstand hervortreten, den von Waltershausen [1] als eine Folge der Anwendung von Maschinen, die die gelernten Arbeiter mehr und mehr verdrängen, beobachtet hat? Nämlich, dass in einer Industrie, die geringe Anforderungen an die Vorbildung ihrer Arbeiter stellt, die Bildung von Gewerkvereinen äusserst erschwert ist, weil eben der Unternehmer jeden Tag neue Kräfte auf dem Arbeitsmarkt finden kann? [2] Des weiteren tritt noch — von den Gegensätzen, die in der Arbeitnehmervereinigung zu Tage treten mussten, gar nicht zu reden — der Antagonismus hinzu, der zwischen Fein- und Grobstickern, zwischen einem rein hausindustriellen und einem Landwirtschaft treibenden Sticker besteht. Viele Sorgen, die den Grobsticker bedrücken, sind dem Feinsticker ganz unbekannt, und es ist doch mehr als fraglich, ob letzterer sich stets solidarisch mit ersterem gefühlt hätte, zumal er in ihm einen Mann sehen musste, der infolge seiner Ungeschicklichkeit Industrie und Verdienst herunterdrückte. Und schliesslich ist doch die Stickerei eine Modeindustrie, die bereits aus den breitesten Schichten des Volks sich Konsumenten erobert hat. Da ist der Einfluss, den der Produzent auf den Lohn ausüben kann, doch ein sehr beschränkter.

Ich glaube, das sind Betrachtungen, die das Bedauern über das Verschwinden der verschiedenen Arbeitnehmervereinigungen etwas mildern. Diese Verbände würden nie

---

[1] Vergl. „Die nordamerikanischen Gewerkschaften unter dem Einfluss der zunehmenden Produktionstechnik". Berlin 1886.

[2] Für die Feinsticker trifft Vorstehendes natürlich in keiner Weise zu.

einen grossen Einfluss haben gewinnen können. Vielleicht wären sie fähig gewesen, einige wertvolle Einrichtungen des grossen Verbands auch ferner festzuhalten. Das ist nicht unwahrscheinlich. Aber ebenso wahrscheinlich ist auch, dass ihre einseitige Organisation sie zu Handlungen hingerissen hätte, die entweder ihren Untergang hervorgerufen oder die Industrie aus dem Lande getrieben hätten.

So können wir erst nach diesen Erörterungen den Centralverband richtig würdigen. Sein Vorzug bestand darin, dass die Vorteile, die er den Arbeitern bot, unter der jetzigen Fabrikgesetzgebung auf einem anderen Weg nicht zu erreichen waren. Im richtigen Gefühl haben sich die Einzelsticker an ihn angeschlossen, den Separatverbänden aber, sofern sie ihnen überhaupt beigetreten waren, bald den Rücken gekehrt.

In jüngster Zeit machte man für einen neuen eigenartigen Versuch Stimmung. Es sollte ein „Hülfsverein für die Arbeiterschaft der Schweizer Stickerei-Industrie" gegründet werden, um in Zeiten von Arbeitsmangel — aber nur während des Winters — die Mitglieder vor Not zu schützen, sowie die Errichtung von Arbeitsnachweisbureaus anzustreben. Dem Statutenentwurf muss man grosse Vorsicht nachrühmen, doch ist die Vereinigung bis jetzt noch nicht zu stande gekommen.[1]

Man kann von diesem Kapitel, das von unermüdlichen Versuchen mit nirgends dauerndem Erfolg erzählt, nicht Abschied nehmen, ohne der Kraft und Energie dieser zähen Alemannen hohe Bewunderung zu zollen.

---

[1] Vergl. Schweizer Blätter für Wirtschafts- und Sozialpolitik, 1894, II. Jahrg. No. 8, S. 278 ff.

# SCHLUSS.

Wohin treiben die Verhältnisse in der Stickerei-Industrie? Kann man wohl eingreifen und wie dann? Auf diese Fragen erwartet wohl mancher an dieser Stelle eine Antwort. Wer im praktischen Leben steht, wird überhaupt die ganze Untersuchung für zwecklos halten, wenn sie nicht für die aufgefundenen Übelstände auch gleich die Heilmittel anzugeben weiss. Das ist nun freilich nicht der Zweck der Arbeit gewesen, sie ist nicht unternommen worden mit der Absicht oder auch nur dem Wunsche, ein Rezept für die Schäden der Stickerei-Industrie zu finden. Ihre Aufgabe war zu zeigen, wie die Verhältnisse sind, und warum sie so sind, und damit einen kleinen Beitrag zu liefern für die Erkenntnis des Wesens der Hausindustrie. Es lag aber nicht in ihrer Absicht, aus der Vergangenheit und Gegenwart Schlüsse auf die Zukunft zu ziehen oder nach Mitteln zu einer Änderung zu suchen. In beiden Fällen müsste sie den Boden der realen Wirklichkeit verlassen.

Das aber hat seine grossen Gefahren. Wir kennen in dieser Beziehung noch zu wenig die Faktoren, die mitwirken, und noch viel weniger die Grösse ihrer Bedeutung im einzelnen Fall. Wie uns eben der Verband belehrt, kann man in speziellen Fragen des gewerblichen Lebens nie mit Bestimmtheit sagen, wie diese oder jene Massregel wirken wird. Dies ist lediglich Sache der Erfahrung. Unsere Erfahrung in diesen Dingen aber ist gering, und wir müssen uns, wie schon einmal betont, hüten, auf Grund mangelhafter Unterlagen zu urteilen.

Immerhin will ich mit meiner Meinung nicht zurückhalten, sondern zu den aufgeworfenen Fragen kurz Stellung nehmen.

Es ist vor allem klar, dass die Stickerei von der Mode abhängt, und ebenso klar ist es, dass sich über deren Launen nichts voraussagen lässt. Im grossen und ganzen scheint von dieser Seite eine grosse Gefahr, für die Massenartikel wenigstens, nicht zu bestehen. Die gewöhnlichen Bandes und Entredeux der Stickerei scheinen weder von der Weberei noch von der Klöppelei bedroht. Diese beiden Zweige der Textilbranche haben bis jetzt, so viel ich weiss, noch nicht einmal den Versuch gemacht, mit der Maschinenstickerei auf diesem Gebiet in nennenswerter Weise zu konkurrieren. Anders steht die Frage mit den Spezialitäten, mit den Roben, Volants, Chiffons, Tüchli's, und wie sie alle heissen. In diesen Artikeln könnte sich wohl, wie dies z. B. in den letzten Jahren teilweise der Fall war, vorübergehend die Mode von der Stickerei abwenden, und darin läge allerdings eine Gefahr für die Industrie. Schon seit längerer Zeit klagt man allgemein, dass sich keine jungen intelligenten Leute mehr dem Stickerberufe widmen, weil sie anderweitig mehr verdienen. Würde nun zeitweise noch die sogenannte feine Welt ihre Gunst den gestickten Produkten entziehen, der Arbeiter also bloss auf die billigen, schlechten Verdienst gewährenden Artikel angewiesen sein, so müsste der gute Arbeiterstamm vollständig aussterben. Es ist Sache der Arbeitgeber durch stets neue Muster und neue Verwendung des Plattstichs auf jetzt noch unbekannten Gebieten diese Gefahr möglichst zu verringern. Denn die Bedeutung der Schweizer Stickerei liegt immer noch zu einem guten Teil in der Qualität ihrer Waren.

Ganz wesentlich ist die Stickerei als eine Exportindustrie an der Zollpolitik ihrer Absatzländer interessiert. Sie hat hier einen bedeutenden Schlag in letzter Zeit von seiten Frankreichs erlitten, mit dem die Schweiz seit 1892 im Zollkrieg lebt. Frankreich war weniger wegen der Menge als wegen der Feinheit der gekauften Produkte — das Neueste und Beste in Modespezialitäten bezieht eben auch heute noch die ganze civilisierte Welt auf dem Umweg über Paris — ein gern gesehener Abnehmer. Man erkannte auch in der Schweiz von Anfang an die Folgen, die ein derartiger Handelskrieg für die Stickerei haben müsste, ohne aber bei der herrschenden, stark schutzzöllnerischen Tendenz in Frankreich daran etwas ändern zu können.

Wie die Zollpolitik Amerikas gewirkt hat und noch wirken wird, ist nicht ganz klar. Die diesseits des Ozeans so gehasste Mc Kinley Bill, die den 6. Oktober 1890 in Kraft trat, erhöhte den Wertzoll auf Stickereien von 40 % auf 60 %. Man wird nun bei oberflächlicher Beobachtung geneigt sein, das von 1891 ab erfolgende Sinken der Ausfuhrziffern lediglich auf Rechnung dieses Faktors zu setzen.

Sehen wir uns vor allem einmal diese Ziffern an, wobei wir nur für das Jahr 1890 berücksichtigen müssen, dass es zur Vergleichung nicht mit herangezogen werden kann, weil in seinen ersten 9 Monaten aus leicht erklärlichen Gründen aussergewöhnlich exportiert wurde. Laut der amerikanischen Konsularstatistik betrug der Export an Maschinenstickereien:

| | | |
|---|---|---|
| 1888: | 27 628 850 | Fr. |
| 1889: | 27 256 286 | „ |
| 1890: | 31 679 246 | „ |
| 1891: | 23 478 007 | „ |
| 1892: | 22 758 588 | „ |

Nun kann man aber den Ausfall von 1891 und 1892 gegenüber 1888 und 1889 nicht lediglich auf den Zoll schieben, ein guter Teil des Rückgangs ist durch die Laune der Mode hervorgerufen, wie man aus dem verminderten Bedarf der ganzen Welt ersieht. Und es dürfte richtig sein, auch die verringerte Einfuhr Nordamerikas mehr dem Wechsel der Mode als seiner Zollpolitik zuzuschreiben, denn diese wird so lange keinen grossen Schaden ausüben, als nicht in Amerika selbst die Produktion von Stickereien in grösserem Massstab an die Hand genommen wird. Diese Gefahr tritt aber erst dann ein, wenn es dem Dampf gelungen ist, billiger als die Hand die Stickmaschine zu bewegen.

Wenn auch nicht wichtiger, so doch für uns viel interessanter als die eben angestellten Betrachtungen ist die Frage: Wer wird siegen in dem Kampfe, der zwischen Fabrik und Hausindustrie in der Maschinenstickerei ausgefochten wird?

Wir lassen hier natürlich ausser Betracht, dass eine Dampfstickmaschine erfunden wird, die unter Berücksichtigung aller Faktoren wirklich billiger arbeitet als die heutige Maschine. Dass dann die Fabrik Siegerin sein würde, unterliegt keinem Zweifel, wie dies wahrscheinlich auch eintreten würde, wenn es gelingen sollte, die Heimarbeiter unter das Fabrikgesetz zu stellen. Wenigstens spricht für Letzteres bis zu einem gewissen Grade die Erfahrung: In den Zeiten des Verbands, wo die Einzelsticker sich freiwillig ähnliche Beschränkungen auferlegen liessen, wie sie das Gesetz den Fabriken vorschreibt, war die Position der Fabriken merklich gefestigt worden. Die Hausindustrie breitete sich zwar immer noch aus, aber die Auflösung von Fabriken hatte doch Ende der 80er Jahre ein langsameres Tempo eingeschlagen. Auf diese Thatsache mag sich wohl die Behauptung eines Fabrikinspektors stützen, es sei anzunehmen, dass „die Hausstickerei immer mehr an Terrain verliere".[1] Das ist nun sicher übertrieben, auch zu Verbandszeiten war von einem Vordringen der Fabriken gegenüber der Hausindustrie nichts zu merken, aber es waren doch der umgekehrten Bewegung einigermassen Zügel angelegt. Seit 1892 aber, wo der Einzelsticker wieder arbeitet, so lange er will, soll nach der Versicherung der Inspektionsbeamten die Umwandlung der Fabrik in die Hausindustrie wieder merkliche Fortschritte machen. Wenn nicht alles trügt, so geht die Entwicklung in dieser Richtung noch eine Zeit lang weiter. Schlechte Zeiten zusammen mit der Konkurrenz der Heimarbeit drängen den Fabrikanten umsomehr zurück, je mehr er den selbständigen Unternehmercharakter verliert. Das ist aber mehr und mehr der Fall, ich verweise nur auf die Entwicklung, die

---

[1] Vergl. Quellenangabe No. 8, Jahrg. 1888/89, S. 3.

sich von 1872—90 vollzog. Während 1872 nur 56 % aller Maschinen im Besitz von Lohnstickern d. h. solchen waren, die lediglich die Aufträge der Kaufleute ausführten, stellte sich 1890 diese Zahl auf 91,5 %.[1] Indes ist doch, auch wenn alle Verhältnisse so bleiben, wie sie heute sind, dieser Umbildung der Fabrik in die Hausindustrie eine Grenze gezogen. Sie wird sich nicht bis zur gänzlichen Vernichtung der Fabriken fortsetzen. Diese haben eben den Vorzug, dass der Kaufmann sich bei ihnen im allgemeinen auf eine exakte Ausführung und prompte Innehaltung der ausbedungenen Lieferfristen verlassen kann. Diese Gewissheit aber fehlt dem Verkehr mit den Einzelstickern. Namentlich für die Wichtigkeit des letzteren Punktes scheint, den fortwährenden Klagen der Kaufleute nach zu urteilen, den Hausindustriellen meist das Verständnis abzugehen. Aber auch der Vorwurf der grösseren Nachlässigkeit wird ihnen, verglichen mit den Fabrikstickern, wohl mit Recht gemacht. Eine Überwachung bei der Arbeit ist ja ausgeschlossen, und eine kurze Anleitung, die ihnen wohl der Fergger geben könnte, ist meist undenkbar, da diese Vermittlerperson in zahlreichen Fällen von der Stickerei rein gar nichts versteht. Dazu kommt noch, dass das Gros der Einzelsticker im Besitz von schlechten Maschinen ist, sei es, dass sie dieselben bewusst oder unbewusst schon alt kauften, sei es, dass sie aus Mangel an Mitteln nicht in der Lage sind, die nötigen Reparaturen vornehmen zu lassen. Die Heimarbeiter bestreiten freilich energisch, schlechtere Arbeiter zu sein als die Fabriksticker, und innerhalb der Klasse der Feinsticker trifft es wohl auch nicht zu, aber was den Durchschnittssticker anbetrifft, muss sich die Sache nach den Aussagen, die mir gemacht wurden, doch so verhalten. Am besten sei das, so sagte man, an solchen Arbeitern zu bemerken, die früher in der Fabrik beschäftigt gewesen und dann nach Erwerb einer Maschine Hausindustrielle geworden wären. Sehr oft könne man dann im Vergleich zu früher eine grössere Nachlässigkeit in der Arbeit konstatieren. Also

[1] Vergl. das Nähere hierüber S. 32.

diese Nachteile der Hausindustrie werden schliesslich dem Zurückdrängen der Fabriken Halt gebieten, wann das aber eintreten wird, kann man nicht sagen. In der Kettenstichstickerei liegt die Sache ganz ähnlich, was Unzuverlässigkeit in den Lieferfristen anlangt, noch viel schlimmer,[1] aber nichtsdestoweniger sind Fabriken in diesem Industriezweig etwas sehr Seltenes, obwohl man überzeugt ist, dass sie dem Übelstand abhelfen würden. Wenn es in der Plattstichstickerei auch nicht so weit kommen wird, weil sie weniger Saisongeschäft ist, die Arbeit sich also doch nicht so sehr auf einige Monate im Jahr zusammendrängt, so kann man immerhin aus diesem Beispiel sehen, dass die Nachteile der hausindustriellen Arbeit erst spät der Fabrik einen Stützpunkt geben werden.

Wenn ich jetzt versuchen will, die Bedingungen darzulegen, unter denen in unserer Industrie wieder gesundere Verhältnisse Platz greifen könnten, so muss ich von vornherein bemerken, dass meine Forderungen kaum realisierbar sein werden. Aber ich möchte sie doch, auch wenn sie fromme Wünsche bleiben sollten, nicht unausgesprochen lassen, zumal sie mir Gelegenheit geben werden, Stellung zu einigen bis jetzt noch nicht berührten oder nur gestreiften Fragen zu nehmen.

Es ist vor allem anzuerkennen, dass die beteiligten Kreise selbst mit ihren Bemühungen, die Leistungsfähigkeit des Arbeiters durch Schulen und dergleichen zu heben, in den Gang der Dinge einzugreifen gesucht haben. Wie wir bereits wissen, besteht in Dornbirn in Vorarlberg seit Dezember 1891 eine „k. und k. Fachschule für Maschinenstickerei", und in Grabs im Kanton St. Gallen hat man vor kurzem eine gleiche Anstalt errichtet. Die Dornbirner Schule hat, wie allseitig anerkannt wird, für die kurze Zeit ihres Bestehens sehr gute Erfolge erzielt und erfreut sich auch von seiten der Sticker der ihr zukommenden Beachtung. Es wurden vom Dezember 1891 bis Juli 1893 118 Sticker und 127 Nachstickerinnen fast unentgeltlich ausgebildet,

---

[1] Vergl. Quellenangabe No. 2 S. 132.

nicht nur in der Technik des Stickens, sondern auch in Maschinen-, Stoff-, Garn- und Warenkunde. Man sieht in richtiger Erkenntnis dessen, was not thut, davon ab, Künstler heranzubilden, legt vielmehr den Hauptwert darauf, gute Durchschnittssticker zu erziehen. – Weitere nicht zu unterschätzende Erziehungsmittel sind die Fachschule für Musterzeichner in St. Gallen, deren Leistungen ich selbst auf einer Ausstellung zu bewundern Gelegenheit hatte, und nicht zu vergessen das St. Gallische Industrie- und Gewerbemuseum, das mit seinen kostbaren Schätzen der Textilbranche uns den Geschmack der verschiedensten Länder aus den letzten fünf Jahrhunderten vor Augen führt. Die Unterstützung von 20 000 Fr., die das kaufmännische Direktorium der Anstalt jährlich leistet, sind jedenfalls aller Anerkennung wert.

Aber so gute Wirkungen auch all diese Schöpfungen haben mögen, und so sehr man sie fordern müsste, wenn sie fehlen würden, ein Universalmittel, die Industrie auf der Höhe der Zeit zu halten, sind sie nicht. Denn dieser droht nicht nur vom unfähigen Arbeiter Gefahr. Je mehr der Fabrikant ganz verschwindet, oder je unselbständiger er wenigstens wird, desto mehr geht der Stand unter, der am ersten fähig wäre, Erfindungen und Verbesserungen technischer Art zu verwerten oder neue Ideen für die Anwendung des Plattstichs zu geben. Sehr richtig sagt hierauf bezüglich Roscher in seiner „Nationalökonomik des Handels und Gewerbefleisses“: „Für die Produktion im allgemeinen ist es gewiss der beste Sporn und Zügel, wenn derjenige die Gewinn- und Verlustchancen voll trägt, der am meisten im stande ist, auf die Güte der Technik einzuwirken.“ Für den lohnstickenden Fabrikanten, der die Muster vom Kaufmann empfängt, fehlt für eine derartige Einwirkung der Antrieb, von dem Hausindustriellen, der ja nie die Mittel und meist auch nicht das Verständnis für solche Fragen besitzt, gar nicht zu reden. Die Kaufmannschaft aber steht der Produktion zu fern und kennt sie zu wenig, um irgend welche Garantien in dieser Hinsicht für die Förderung der Industrie zu bieten. Man hat hierin schon einmal übele

Erfahrungen gemacht. Ende der 80er Jahre hatte man versäumt, der aufkommenden Ätzstickerei die nötige Beachtung zu schenken und sah nun in dem schlechten Jahre 1891 massenhaft Bestellungen nach Sachsen wandern. Man hat also allen Grund zu wünschen, der selbständige Fabrikant, der an den Exporteur lediglich verkauft, möchte wieder zu grösserer Bedeutung gelangen. Wohl gäbe es dafür ein Mittel: die Zurückdrängung der Hausindustrie, indem man sie dem Fabrikgesetz unterstellte. Das würde ihre Position gewaltig schwächen und ohne Zweifel wieder der Fabrik die dominierende Stellung einräumen. Und damit würde auch der Fabrikant seine frühere selbständige Stellung wiedergewinnen. Denn während jetzt die Kaufmannschaft durch ihren Verkehr mit den Heimarbeitern geradezu auf das Façongeschäft angewiesen ist, das sich naturgemäss auch auf die Fabrikanten ausgedehnt hat, würde dann mit dem Erstarken der Fabrikindustrie auch ganz von selbst das Platzgeschäft wieder an Bedeutung gewinnen.

Mit der Berührung dieses Punktes aber haben wir eine Frage von weitgehendster Bedeutung gestreift: Fabrik oder Hausindustrie? Auf die Frage, die Praktiker und Theoretiker von heute bewegt und in zwei Lager spaltet, in ihrer Allgemeinheit einzugehen, ist hier nicht der Platz, sie soll nur in Bezug auf unseren speziellen Fall erörtert werden. Sie liegt da ja auch viel interessanter wie gewöhnlich. Hausindustrie und Fabrik bedienen sich hier derselben Maschine, und die Fabrik ist es, die hier Gefahr läuft, von der Heimarbeit vernichtet zu werden. Gewöhnlich ist es umgekehrt, weil die Hausindustrie der Hülfsmittel der Fabrik entbehrt und infolgedessen technisch und sehr oft auch ökonomisch minderwertig ist. „Fort mit ihr, denn sie kann dem Arbeiter kein menschenwürdiges Dasein schaffen“, sagen deshalb ihre Gegner. „Nein“, sagen ihre Anhänger, „das ist zu radical, es giebt auch Hausindustrien, die gar nicht den Verzweiflungskampf mit der Fabrik ausfechten, da sind die Lohnverhältnisse nicht schlecht, ganz abgesehen von den sonstigen Vorzügen dieser Unternehmungsform“.

Wir sind nun in der Lage, einmal an der Hand unserer Stickerei die letzte Behauptung zu prüfen. Hier ist die Hausindustrie Siegerin, hier ringt die Fabrik um ihre Existenz. Sind deshalb die Löhne gut bei den Einzelstickern? Wir haben das Gegenteil gesehen. Ja aber vielleicht sind sie besser als bei den Fabrikstickern? Auch dass nicht, der Nettosticklohn ist jetzt bei beiden, wenn nicht ganz, so doch fast ganz gleich, und wenn der Hausindustrielle mehr verdient, so kann es nur durch Ausdehnung der Arbeitszeit und Verwendung von Familienmitgliedern bei der Arbeit geschehen, also auf Kosten seiner Gesundheit und der seiner Familienangehörigen. In der toten Zeit aber hat er oft gar keine Arbeit, während der Fabriksticker solche hat, denn dem Kaufmann liegt mehr daran, den zuverlässigen und exakt arbeitenden Fabrikanten sich günstig gestimmt zu halten als den nachlässigeren Fergger und Einzelsticker. Also der Verdienst des Hausindustriellen ist keineswegs gut und im grossen und ganzen eher schlechter als besser, wie der des Fabrikstickers.[1] Und ferner ist das sicher, nicht die Fabrik, die Hausindustrie bestimmt die Lohnhöhe, und sie ist es, die dieselbe heruntergedrückt hat und in momentanen günstigen Perioden nur schwer wieder steigen lässt. Ich will diese wichtige Frage nicht weiter verfolgen, ich verfüge über keine Zahlenbeweise für meine aus zahlreichen Gesprächen mit Sachverständigen geschöpfte Annahme, dass die Löhne wenigstens zeitweise besser wären, wenn die Stickerei nur in Fabriken betrieben würde.

Ich will zu den Punkten übergehen, die wohl unbestritten eine Folge, und zwar eine schädliche Folge der Hausindustrie sind. Das Verschwinden des Platzgeschäfts, dessen Wirkungen wir oben beleuchtet haben, die durch eine sinnlose Maschinenaufstellung hervorgerufene Überproduktion, die Qualitätenverschlechterung sind teilweise sicher eine Begleiterscheinung der Hausindustrie. Ihr allein

[1] In der kurzen Zeit des Aufschwungs während der 70er Jahre war er wohl besser, aber das ist eine Periode, die nicht wiederkehrt.

Schuld an diesen Dingen in die Schuhe zu schieben, würde falsch sein, aber zum Teil hat sie sie hervorgerufen, das ist ausser Zweifel. Und wie hat sie dem Arbeiter geschadet! Hat sie ihn nicht zu einer übermässig langen Arbeitszeit verleitet, hat sie ihn nicht Weib und Kind in unvernünftiger, schamloser Weise zur Arbeit heranziehen lassen? Niemand wird dies bestreiten können.

„Aber", sagen andere, „die Hausindustrie hat auch Vorzüge. Liegt nicht in ihr der Grund der guten Wohnungsverhältnisse, hat sie damit nicht die Sesshaftigkeit der Bevölkerung unterstützt?" Gewiss das hat sie, und sie hat da einen Vorzug gegenüber der Fabrikindustrie. Das trifft auch für die Schweiz mit ihren über das ganze Land zerstreuten Fabriken zu. Aber man darf diesen Vorteil auch nicht überschätzen, denn wenn in unseren 3 Kantonen zusammen in jedem bewohnten Haus nicht mehr wie durchschnittlich 1,37 Haushaltungen sind, so kann sich doch unmöglich der Fabrikarbeiter in schlechten Wohnungsverhältnissen befinden. Andrerseits aber verrichten die Fabriksticker ihre Arbeit in sehr gesunden Räumen, was man von der Hausindustrie nicht immer behaupten kann. Die früheren Webkeller, in denen ja glücklicherweise nur der kleinere Teil der Einzelsticker arbeitet, sind, wie wir gesehen haben, mit Recht allgemein als gesundheitsschädlich verrufen.

Einen anfänglich wirklich bestechenden Grund zu gunsten der Hausindustrie führte mir ein intelligenter Arbeiter im Toggenburg an: „Bedenken Sie, welch eine Entwertung des Grund und Bodens namentlich in unseren Hochthälern eintreten müsste, wenn die Stickmaschine nicht den verschuldeten Besitzern das Manko im Erwerb decken würde". So einleuchtend der Grund im ersten Moment ist, so verliert er doch bei ruhiger Betrachtung sehr an Bedeutung. Denn einmal hätte er nur für einen Teil der Hausindustriellen, nämlich für den, der auch wirklich Grund und Boden hat, Gültigkeit, dann aber scheint mir bei näherem Zusehen die Gefahr mit dieser Bodenentwertung nicht so bedeutend zu sein, als es ursprünglich aussieht.

Die Behauptung geht doch von der Voraussetzung aus, dass es den Kleinbauern unmöglich sei, in der Fabrik zu arbeiten, oder wenn wir die Sache umdrehen, dass die Fabrikarbeiter nicht noch nebenher bäuerliche Zwergwirtschaft treiben könnten. Dies ist aber nur teilweise richtig. In einem Land wie Deutschland, wo die Mehrzahl der Fabriken in grossen Städten konzentriert ist, beweist uns die amtliche Statistik, dass von den Hausindustriellen kaum mehr nebenher landwirtschaftlich thätig sind als von den Fabrikarbeitern.[1] In der Schweiz aber ist die Fabrikindustrie weit mehr dezentralisiert, die in ihr beschäftigten Arbeiter haben also dort noch viel bessere Gelegenheit zum bäuerlichen Nebenberuf. Freilich das ist ja wahr, hoch oben an den Thalhängen sind auch in der Schweiz keine Fabriken, und wer da wohnt, der kann schon der Entfernung wegen nicht täglich in die Fabrik ins Thal hinabsteigen. Aber in solchen örtlichen Verhältnissen leben die wenigsten Arbeiter unseres Gebiets. In den meisten Gegenden ist eine Verbindung von Fabrikarbeit und Landwirtschaft zum mindesten nicht unmöglich.[2]

Wenn man das Besprochene gegen einander abwägt, so muss man zugestehen, dass die Fabrik gegenüber der Heimarbeit für die Maschinenstickerei im allgemeinen, wie auch für den Sticker im besonderen das Bessere sei. Würde sie aber nicht, um auf einen allgemeinen Einwand einzugehen, dazu beitragen, die Familienbande zu lösen und den sittigenden Einfluss zu beseitigen, den Schmoller noch in allerjüngster Zeit der Heimarbeit infolge des bei ihr stattfindenden fortwährenden Verkehrs zwischen den Familienmitgliedern nachsagt?[3] In einigen wenigen Fällen gewiss.

---

[1] Vergl. Quellenangabe No. 35, S. 139.

[2] Dass ich diese bäuerliche Nebenbeschäftigung unter den jetzigen Verhältnissen nicht verschwinden sehen möchte, habe ich an einer anderen Stelle auseinandergesetzt. Vergl. S. 88.

[3] „Ich kann von dem Urteil nicht abkommen, dass Handwerk und Hausindustrie ein tüchtiges, sittliches Familienleben mehr begünstigen

Aber die Schilderungen, die uns alle massgebenden Behörden von der Jugend der hausindustriellen Fädlerkinder gegeben haben, jener ergreifende Schulaufsatz des jungen 12jährigen Arbeiters zeigen uns, dass im allgemeinen diese sittlichen Beziehungen mehr in der Einbildung als in der Wirklichkeit bestehen. Wohl ist der Vater ständig um die Kinder, aber nicht um sie zu erziehen, sondern nur um sie auszunutzen, um sie zu Greisen zu machen, noch ehe sie Jünglinge waren. Körperlich heruntergekommen, im Innern verbittert oder kretinhaft stumpfsinnig würden sich uns in einigen Generationen die als Fädlerkinder gross gewordenen Einzelsticker zeigen. Ich glaube, da kann dem Staat eine zwar etwas rohe, aber doch geistig und körperlich gesunde Fabrikarbeiterschaft lieber sein, um so mehr, als unter der heutigen Schweizer Fabrikgesetzgebung die Pflege des Familienlebens dem Arbeiter um ein gut Teil erleichtert ist. Und man darf doch auch das nicht vergessen: der Stand der Fabrikarbeiter ist noch jung, er steckt so zu sagen noch in seinen Flegeljahren, warum sollte unter sich bessernden ökonomischen Bedingungen, unter zunehmender politischer Bildung, unter wachsender Fürsorge des Staates auf dem Gebiet des Arbeiterschutzes nicht auch Sitte, Anstand und Familienzucht zunehmen? Ich halte es für keinen Optimismus, das zu hoffen.

als die Fabrikarbeit, dass bis jetzt in den Fabrikdistrikten ein voller Ersatz für das regelmässigere und dauernde Zusammensein von Eltern und Kindern, wie es mit den älteren Betriebsformen gegeben war, nicht gefunden sei." G. Schmoller in seinem Jahrbuch für Gesetzgebung etc., 18. Jahrg., S. 388.

FSC
www.fsc.org
MIX
Papier | Fördert
gute Waldnutzung
FSC® C083411

Kolibri 360 GmbH
Ferdinand-Jühlke-Straße 7
99095 Erfurt, Deutschland
produktsicherheit@kolibri360.de